神保町の窓から

栗原哲也

影書房

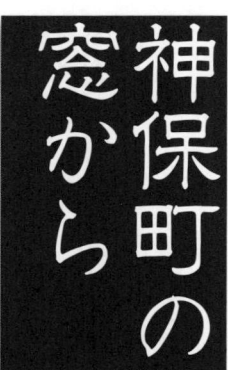

はじめに

これは東京神田神保町にある、小さな出版社で働いてきた、そしていまも働いている、歯牙《しが》ない男の記録です。

出版社の名は日本経済評論社といいます。この会社が時々発行する『評論』と名付けられた、小さなPR誌があります。その最終ページに本書の書名と同じコラム欄があります。そこに書かれてきた小文を主としてまとめました。気恥ずかしい気もしましたが、影書房の松本昌次さんの優しくも強いお奨めにより、まとめてみる気になりました。出版という生業をとおして生きてきたことが、いかほどの誇りになるかは分かりませんが、生涯現役を決意している私にとって終着はなさそうです。いつだって出発です。私とみなさんの明日のために何かを考えるきっかけになるでしょうか。そうなれば嬉しいです。

私のこと。

神田神保町には出版や書店で働く人は沢山おります。昼飯でちょっと外に出れば、二、三人の同業には毎日のように出くわします。「本の街」というくらいですから、珍しいことではありません。駿河台下から九段下までの四つの信号の間で、もう何十年も徘徊しています。この街に包まれて生きてきました。ここに住みつくようになった経緯《いきさつ》からお話しします。

一九四一年一〇月、関東平野の山側、群馬県、大利根川左岸の村に、百姓の子、三男五女の三男坊として生まれました。母三六歳、稲刈りを間近にひかえた最中に生まれた末子でした。間もなく「大東亜戦争」が始まります。地名は佐波郡名和村字山王道でした。後年、銘仙の町伊勢崎市と合併しました。忠次の生家のある国定村《くにさだむら》はすぐ近くです。上毛三山、赤城山、榛名山、妙義山が手をつないで見守っている村です。その後ろに浅間山がいつも薄煙りを吐いています。

敗戦前夜、八月一四日の夜中、爆撃機B29の大群が突如襲ってきました。子ども目にも恐ろしい焼夷弾の雨の中、ねえちゃんたちが引いたり押したりしてくれたリヤカーの中で村の桑畑に逃げこみました。翌朝目ざめると、家の大黒柱だけが、恨みがましく、めらめらと燃え続けていました。兄貴や親爺がまっ黒な顔でうつむいていました。敗戦の朝です。

小学校も中学校も村立《そんりつ》です。村の人口は八千人ほどでしたから、小さな村ではありません。甚平、哲哉、弘機、隆明、美弥子《みねこ》、あさ子、アヤ子、祥子《さちこ》、籠屋《かごや》の節子《せっ》ちゃんたち、東となりに要《かなめ》さん、西となりの則《のり》雄ちゃんたちが遊び仲間でした。小中学校時代には農繁《のうはん》休暇というのがあって、農作業の手伝いはいやがらずにしました。田植えのころ、牛の鼻取《はなど》りは得意でした。牛に顔を寄せてまっすぐ歩くように同伴するのです。関東平野は広い。水を張った田の上を、私の牛を励ます声は村中に響き渡っていました。

高等学校は利根川を越えて、埼玉県立本庄高等学校に行きました。伝統のある気位《きぐらい》の高い学校でした。そこでは文芸部に入り関根みよ子先生の指導のもと、中島敦の『李陵』などを読みました。弁論部にも顔をだし、あちこちの大会に行って友だちをつくりました。ノン子やブン子に恋をしましたが、幼くて実りませんでした。成績は、入学のときは上からかぞえられましたが、卒業のころは惨憺たるありさまでした。町場の連中には歯が立ちませんでした。

一八歳、明治大学に入学し、安保闘争の高揚するなか上京します。デモもスクラムも初めての体験でした。政治にふれた最初でした。あわてて、マルクス、レーニン、毛沢東、そんなものを買い込んだり、村上信彦の『音高く流れぬ』や、中国の『紅岩』『迎春花』などを読みました。それより何より、五月から六月にかけて安保改定反対闘争の渦中にいたこと、セクトを問わずいろいろな活動家との議論は、田舎者の青年を突如目覚めさせてくれました。一九六〇年という、煮えたぎるような年が育ててくれたといっていいかもしれません。この年の体験はその後の私に、陰に陽に影響を与えていると思っています。政治や活動には深くかかわってはいかなかったけれど、部落問題やセツルメントにも首をつっこみ、パルタイの猛者《もさ》ともつきあうことになったのでした。

大学では近世村落史の木村礎《もとい》さんに指導され、村々に出かけ史料調査の初歩を学びながら中学の教師になることを秘かに準備していました。卒業間近になって、群馬の山奥に教師の口を得ましたが、気がすすまず、木村さんに相談すると、編集者になるのも悪くないぞ、と薦められ、文雅堂銀行研究社に職を得ました。

そこでは『銀行研究』なる金融専門雑誌の記事集めをしました。上司に敏腕な編集者がいました。彼の指導を受けて、銀行や官庁のエコノミストたちへ原稿を依頼する日々でした。ここで七年、一九七〇年の秋、雑誌の仕事も目が出ず、先の展望も見えず、辞めて出版社をつくることにしました。構想を描いたのはその先輩でした。彼が社長で、私は自らを実働部隊と位置づけくっついていきました。そこで名乗ったのが日本経済評論社でした。

出版は馬力と度胸だけでは続けられない。創立から五年はピンチも度々ありましたが、今もいる谷口京延《きょうのぶ》や、八朔社を創って出ていった片倉和夫さんを迎えたころから軌道に乗り、一九八〇年段階では社員は二〇人を越えていました。

だが、そうは問屋は卸しません。創立から一〇年目、一九八一年三月末、教育会館で債権者集会を開くという事態を迎えました。倒産が目前に迫ってきたのです。負債内容を公開して債権者に懺悔。社長の交替を余儀なくされたのです。私は債権者のご意向によって社長となりました。負債は当時の私には多いのか少ないのか、判断できませんでした。夢中だったのです。平河工業社、文昇堂、堀留洋紙店から手厚い支援を得て急場を凌いだのです。たくさんいた社員が次々と姿を消し、残ったのは三年目の谷口と入江とも子さん、入社半年もたたない清《せい》達二だけでした。

ここで畳んでおけば後のたたりはなかったのでしょうが、多くの債権者はそれを許しませんでした。逃げる方法も知らず、また度胸もありませんでした。未來社の先代社長西谷能雄さんが「そんな会社にかかわるな。お前も家族も目茶苦茶になるぞ」と忠告してくれましたが、もう手遅れでした。「そんな会社」と言われるが、これは私たちが生きていた会社なのでした。

「神保町の窓から」を書くようになったのは、この頃からですが、以下に収めた記録は、こんな事件から数年が経ち、多少の落ちついた日々が戻って以来の、日本経済評論社にいた、迷いの日々のありさまです。お目汚しながら、ご笑読ください。

*日本経済評論社の誕生と初期活動の経緯は、非公認私史『私どもはかくありき』（二〇〇八年・非売品）に記しました。暗くも楽しく、悲しくも嬉しいことばかりが起こった日々でしたが、ここでの再述はやめましょう。ともかく、働けばどうにかなる、と人々を信じて出発したのでした。

神保町の窓から　目次

はじめに　3

＊

隣の芝生は青いか——【一九九〇年以前】

より美しく　23
祖国と言えるかこの日本　24
今年度の本——どれも正気で作ったのに　25
本は誰が作っているか　28
涎《よだれ》をたらすな　30
原爆病院に花を届ける　31
一体感は力だ——『男たちの出版社』を読む　33
基本資料の出版　35
「品切れなし」の見栄　36
助けられる本　37
出版にルネッサンスの風を！——出版労働者協同組合の誕生　38
「持ち込み」または「連れ込み」について　41

出版は体力勝負だ——【一九九〇年〜一九九五年】

売れ残り教科書 44
長いものに巻かれ続けて 45
紙から木は作れない 47
歴史ある出版社の重み 48
受賞の夜 49
死んだら心に生き続けるだけだ 50
ブックデザイナーの登場 51
二〇周年を迎えて 52
記念誌『転蓬《てんぽう》廿年』をつくる 53
編集者が倒れたら 56
磯辺俊彦さんの退官 57
『風光る時に』 60
お前ら、もっとましな本をつくれ 62
田舎のおふくろ 64
大橋図書館のこと 66
本は売れなきゃダメだ？ 68

見舞いと思ってタダで送れや――阪神大震災起こる　70
逝く人、来る人　73
押し込み入社　75
孤独でなければ生きられない　76
戦後五〇年が終わる　78

万年ヒラでどこが悪いか――【一九九六年〜二〇〇〇年】

講師に呼ばれる　80
索引と資料集が完結　82
布川《ぬのかわ》さんからの手紙　83
手で書くことから出直す　84
憲法を見る　85
過ぎた二五年とこれからの二五年　87
一誠堂と巌松堂　89
渥美清・丸山眞男・清水慎三の死　90
去年と今年　93
『評論』が一〇〇号になった　94

ささやかな注文（原田勝正・寄稿） 97
『評論』なんて一〇年早いぞ 100
売れ残る本 101
ネットで恋人を探す 103
歴史を確かめる 105
大型書店に本がない 106
稼ぐに追いつく貧乏あり 107
出版は一代限りだ 108
決算という安堵 111
「へこたれるな」――木村礎さんの火事見舞い 113
一寸先の運 114
二十一歳の嫁の手 116
公的資金を借りる 117
酪農事情社の閉社 119
入札に参加 120
刊行始まった倍増計画資料 121
出版事情の厳しい折柄…… 122

田舎がなくなる　123
小汀良久さん逝く　126
大きくなるなよ　127
平和運動家・庄さんの死　128
子どもは今日も祈っている　130
「レッツゴー運命」を聴く　132
林宥一さんの遺品　133
必ず突破する　135

情報はわれらをバカにする――【二〇〇一年〜二〇〇五年】

なぜそこで本を出すのか　136
出版は虚業なのか　137
二足の草鞋を履く　138
リッパに生きる　139
自由主義史観教科書　141
意思表示すること　143
火消しをふやす　144

15 目次

鈴木書店の破産 145
花長風月 147
新刊バブルと倉庫 149
中国人留学生の帰還 150
誰でも本は出せるが…… 151
難儀する翻訳書 153
復興期経済資料の完結 155
同時代史学会の創立 156
そんなこと、なんだけれども 158
神田村滅亡 159
日新堂逝く 161
失敗の歴史に学ぶ 162
憲法をおちょくる首相 164
いい会社ってどんなとこ 165
言論の封じ込め 167
拉致された五人を取り戻す 168
ある少年の闘病 170

「ひしょう」のママ　171
原爆と特攻兵　173
木村礎さんの教え　175
呑み友だちの定年　177
採用面接試験で　178
兵隊太郎のこと　179
自民の勝利と改憲　181
木村礎さんの一周忌にて　183

振り返るにはまだ早い——【二〇〇六年〜二〇一〇年】

戦争を支えるもの　185
光る風景　186
こぐまの唄　188
三池炭鉱のこと　190
敗れる勇気　193
〝気丈〟女学校のこと　194
ある年賀状　197

「あくね」という酒亭 198
竹内好セレクションの顚末 200
やっと来た今を見つめる 202
大石嘉一郎さんを偲ぶ会 205
大石さんの追悼文集 206
情報に追われる 208
悔いて振り返る 209
学問に敬意を持っているか 211
野田正穂さん 213
色川大吉さんの本 214
NR出版会のお仲間 215
疾風《はやて》の如く 216
楽しい出版界のお話を 219
私どもはかくありき 221
『かくありき』のあとで 224
『蟹工船』が売れている 228
「本庄事件」を復刊する 230

本庄事件とは——杉山喬記者の証言 231
女子社員の定年 237
西谷さんと庄さんの伝記 239
弔い合戦の二冊（松本昌次・寄稿） 242
金澤史男さん亡くなる 244
映画『暴力の街』を観る 246
国会図書館の堕落 248
在庫を流通業者に預ける 250
筑波書房の受賞 251
柴田敬さんと西川正雄さんの本 253
親友の死 255
NR出版会が四〇年 257
出版は資本主義には似合わない 258
読める本を作っているか 260
小林昇さんの葬儀 263

右手《めて》に「フクシマ」、左手《ゆんで》にいのち——【二〇一一年以後】

「子どもの本屋さん」のこと 267
皓星社のもだえ 268
出版という平和産業 270
三鷹事件と服部之總 272
世界の「フクシマ」 273
成長という幻想 276
執念の作、『福田徳三書誌』できる 278
書くことは生きること——小原麗子さんの本 279
大学図書のおやじさん 281
同級生の仕事と本 283
山田晃弘さんからのメッセージ 284
安全は誰が確かめたか？ 285

＊

決意を込めて——謝辞 289

人名・出版社名索引 巻末

装丁＝渡辺美知子

神保《じんぼ》町《ちょう》の窓から

隣の芝生は青いか――【一九九〇年以前】

より美しく

小社で刊行する新刊単行本に「読者カード」なるハガキが挿入してあります。ほとんどの人が無視してポイされる運命にある紙片ですが、それでも毎月数通が郵送されてまいります。刊行物に対する苦言や賞賛、誤植の指摘や誤訳の訂正、それは多様ですが、ありがたいハガキです。私たちは気疢に新刊を出しているのではなく、そのような熱心な読者の意見にヒントをもらい企画を結実させることもあります。

小社は、そのような読者とつながろうと、「評論」を発行してまいりました。今回で五五号になります。今までA5判、六〇頁ほどの冊子でありましたが、これも片手間で出せるものではありません。刊行が間遠になりがちでしたので、今号から判型を小さくして、もっと刊行回数を増やしていこうと思います。小型化したとはいえ、読みごたえのあるものにしたいと思っています。黒沢明監督の戦時下の作品に『一番美しく』（一九四四年）という映画があります。出版社もよりよく、より強く、より美しくありたいものです。頑張ります。

去る五月、小社は一五年を迎えました。晴れがましいこともできませんが、この一五年の間に発行した全てのものを一覧にし、小さな駄文もつけた『私記 日本経済評論社 彷徨の十五年』と題した記念誌をつくりました。ご希望の向きにはお送り致します。

（一九八六・七）

祖国と言えるかこの日本

一九四七（昭和二二）年、経済安定本部が発表した有名な『経済実相報告書』は「国の財政も、重要企業も、国民の家計も、いずれも赤字をつづけている」と指摘し、そのわけを「第一に資材ストックが減りつつある……第二に経済維持のための補修や補塡が行われないでいる……第三に外国に対する借金はふえる一方である」としている。

このような窮乏の中で、政府は国民に対して何をよびかけていたろうか。「（勤労者の生活権の確保とは）働くものが自らの額に汗して勤労の果実をふやし、それを自らの生活を豊かにするように確保する体制をつくりだすことに、自らが積極的になることを意味する。ふえた勤労の果実がそのまま、はたらくものの生活を豊かにするように流れてゆく体制とは如何なるものであろうか」。働いて、生活を豊かにし、望んだ国家体制をつくろう、と復興途上にある国民にそう呼びかけている。

爾来四〇年、わが政府は何と遠のいた存在になってしまったのだろうか。遠いだけならまだましだ。時には敵対関係とさえ思える局面をつくってみせるのだ。われわれは、政府とのこの距離の遠さが、どのようにして生まれ、固定されてしまったのかを考えなければならない。

確かにわが国は、前記『報告』がよびかけたように、一丸となって働き、復興から繁栄の日々を迎えることができた。だが、その過程には、朝鮮特需から始まるアジア諸国への強引とも思える経済的侵攻があったことを忘れてはなるまい。一九五六（昭和三一）年「戦後は終わった」と政府が言い切ったとき、国民と政府の関係は旧に復してしまったのではなかったか。それが証拠に、かくもへーワで、かくも繁栄しつづける日本を「ここは祖国だ」と言いきる日本人がどれだけいようか。われわれは、求めて今日を築いたのか、それとも、導かれ、従《つ》いてきただけだったのか。思案に値することではないか。


（一九八六・九）

今年度の本——どれも正気で作ったのに

四月は決算月でした。平均年齢三五歳のわが社が取り組んだ、主要新刊について少し報告いたします。

年度初め、早稲田大学の原輝史『フランス資本主義』上梓。原さんはちょうど一〇年前に『フランス資本主義研究序説』を出している。以来、一〇年の苦節の成果。本ができあがった日、谷口京延と三人で神保町の寿司屋で祝杯。前著のときは若かったせいか、侃々諤々やり過ぎてしまったが、今夜は少し大人になって静かに、しかもニコやかに散会。

鉄道四博士（原田勝正・野田正穂・青木栄一・老川慶喜《よしのぶ》）による『日本の鉄道』出来。担当した谷口京延は、一〇年以上売れ続けるだろうと自信を見せる。信じる。

鉄道ものは結構出た。『鉄道と文化』『都市近郊鉄道の史的展開』『鉄道が消えた日』などだ。六二年四月国鉄解体、JR誕生にひっかけて〝さよなら国鉄フェアー〟なんてのも企画され、鉄道関係書は好調であった。谷口の鼻息が荒くなっている。

毎日新聞の本間義人さんに仕掛けられ清達二が「都市シリーズ」に挑んでいる。清は自分も住民運動に挺身する運動家。『官の都市 民の都市』『都市再生の戦略』『転換期の市民自治』など刊行。清の鼻息はどうだろう。

ばか暑い夏の最中、三井銀行の後藤新一さんの『日本短期金融市場発達史』出来。大著だ。後藤さんは、この本の刊行直後に愛妻を亡くされたが、沈んでいない。「心配することは何もない。これからも本は出す。古本屋に叩き売りされるようなものは書かん。オレと心中する気でつき合ってくれ」。体力つけておこう。

シリーズ「産業の昭和社会史」と「食の昭和史」も始まった。どちらも一二巻もの。山路健さんの『暗の食卓 明の食卓』の中にこんな言葉がある。「食卓は、必ずしも一家団欒の場ではなかった。かつては、おやじの小言の場であり、母親がするシツケの場でもあった。そんなところで食べるメシが、子どもにとってうまいわけがない。おふくろの味というのは、本当に温かい味なのだろうか……」ほんとかなあ。

「産業の昭和社会史」の中の石見尚さんの『農協（の昭和史）』では、貧乏についてこう言う。

「貧乏とは、職業上のプライドのないカネ稼ぎを言う。貧乏とは、主体性をなくし、金のためにのみ働くことだ。これは労働ではあっても、職業ではない」。さらに「貧乏とは、しばしばその職業的自立のための教育を受けないこと（学習を怠ったこと）としばしば結びついている」と。われわれは、主体性やプライドを失っていないか。

山形の農協常務佐藤幸夫さんの『農協改革――正直常務かく闘えり』は異様な熱気の中で出来た。佐藤さんは共産党員であることを誇りとして、農協の仕事に取り組み、果敢に改革に挑んできた。が、完敗する。少しはいいが、やりすぎはいかんよ、といういかにも日本的な組合員の総意に負けるのだ。この敗北を率直に認めた自戒の書でもある。山形方面から百単位で注文がきて、増刷するかどうか悩んだが、担当編集者が駆け寄ってきて、ガマンガマンと言うので自重した。しばらくして在庫表を見る。何だ、適正在庫になっている。欲の皮がつっぱって在庫の山を抱えるところだった。

一九六二（昭和三七）年『愛不在』を処女出版して以来、「頼ることを拒否する思想」を追究しつづけている折原脩三さんは「老いる七部作」の著者である。折原さんの文章には戦慄がある。もう読みたくないと思いつつ、また次の本を読んでしまうのだ。『一期は夢よただ狂へ』出来。あと一冊で七部作完結だ。

（一九八七・五）

本は誰が作っているか

東洋大学の石井敦さんは、出版社があって図書館は成り立っていることを忘れてはいけない、と力説している。その出版社あるいは出版物・本を形づくっているものは何だろうか。

まず用紙がある。これには本文用紙もトビラも見返しもカバーも表紙のボール紙も、それぞれ違った材質からなっている。紙はもちろん木から作る。木を育て、伐りだし、製紙会社で大勢の人が働き紙ができる。紙一枚にどれだけの歴史と労働がとけこんでいるか、もう数えられない。

洋紙店もある。紙屋さんだ。出版社で指定した寸法通りのものを指定期日に印刷所に搬入することはとても大事なことだ。

印刷所の仕事。活字をひろったり、タイプを打ったり、校正したり、これも本を作るには欠かせない。印刷所の古い機械も最新鋭の高速印刷機も、発明からずっと続いてきた改良の結果である。これにも永い歴史がある。印刷所の営業マンは進行管理に欠かせない仕事をしている。

インキ屋もいる。製版する人、印刷機を回す人、考えるとどんどんふえてくる。製本。本作りの最後の仕事だ。アンカーだ。機械製本が多くなったとはいえ、寸法通りの本を、ヤレも出さず作るということは、たいした技術だ。出来た本を運ぶ人もいる。

以上が本作りのハードな部分。出版社は何をしているのだ。出版社では、企画と出版の発意がある。これがなくては出発しない。次に著者、書き手がいなければならない。出版社の注文に応じて書く場合と、研究の成果を本にする場合もある。

原稿ができあがる。編集者がもらってくる。どんな判型にするかを決め、割り付ける。印刷所に入れ、何回か校正する。ＯＫがでて、本印刷するまで順調にいって半年はかかる。誤植がないように何度も注意するが、誤植がひとつもない本は「聖書」以外ないともいわれている。カバーデザインを頼む。なかなか決まらない。製本所で本体にカバーがかけられ、宣伝オビが巻かれれば出来上がりだ。

だがこれでも、本物の本にはなっていない。本は読みたい人、購いたい人の手に商品として渡って初めて本となる。出版社の営業の仕事が始まる。取次への見本出しと配本部数の決定、広告、ＤＭ、書店と図書館への案内……そして取次への毎日の納品。配本された本は、みんな売れるわけではない。売れなければ返品される。こちらの方が多い本もある。返品管理、返品改装作業、これが結構な手間だ。いつまでたっても売れない本、これをどうする。思案の末の断裁——つらく悲しく疲れる作業だ。

資金繰り。出版社には二つの金融機関がある。一つは銀行、もう一つは取次。どちらからも調達できなかったら、腹を減らして売れるのを待つ。

こうして考えてみると、本を作るという流れの中で、極言すればどの職分も同列であることがわかる。紙も印刷も、製本も編集も営業も、社長も経理も、みんな横並びだ。著者はそのことを承知していないことがある。本は編集者がつくるものだと思いこんでいる節がある。編集者は窓口であるにすぎない。本のまえがきやあとがきによく書いてある著者の言葉。「この本をつくるにあたって、編集部の○○さんには大変お世話になった。末筆ながら感謝する。ついでに社長にも感謝する」。その本は○○と社長だけで作れたのではない。

本は歴史の結晶だ。毎日の多忙な労働の中で、からみ合う人々、言ってみれば、人類史に感謝することは難しい。だからこそ、このわかりきったようなことを記してみた。「オレ」だけでは本は作り上げられないことを肝に命じておこう。

（一九八七・九）

涎《よだれ》をたらすな

学術資料復刻の専門出版社・不二出版の新社屋竣工パーティーに招待され、本郷にそびえる白亜のビルをみてきた。社長の船橋治さんは「みなさまのお蔭です」とか殊勝なことを言っていたが、どうして、どうして、あいさつするその顔はとても自信にあふれていた。知り合いの印刷工場の社長も来ていて、ビールを飲みながら、「今度はあんたの番だね」なんておひゃらかしを言うから、「オレは本屋だぜ、ビルをつくるのが目当てじゃない」と啖呵をきってみたが、なんだか小さい声だった。

近所の同業御茶の水書房の評判が凄くいい。売れているとかいないとかではなく、出版物の変化に対してである。かつて、社会科学関係書、農業経済関係書といえば、第一に思い浮かべる出版社であった。今でも持っている。『日本農業構造の課題』（保志恂）、『封建的労働組織の研究』（大島藤太郎）、『近世経済史の研究』（藤田五郎）などだ。A5判、上製箱入、五〇〇頁なんて本は、今では流行らない。これを敏感に察知し、変身したのだろうか。出版の質と方向を変えるというのは、並の知力でできるものではない。最近の出版物『荒れた農村から戦争の足音が聞こえる』とか『日本人よ侵略の歴史を忘れるな』などその変身ぶりは鮮やかだ。わが社にはそういう変身の力があるだろうか。

（一九八七・一一）

原爆病院に花を届ける

「風化」と「継続」、この四文字が現在の課題だ、と神田三亀男さんは言う。風化とは、戦争体験のそれであり、被爆体験のそれである。

「苦しみの共有を、他人に求めることはとても難しいことです。頭では平和とか戦争反対がわかっていても、自分のものとして戦争の非人間性をつかまえられず、戦争の悲惨さをとらえられない」。年々被爆者が死んでいくなかで、戦争の記憶はますます遠ざかっていく。「いや、遠ざけようとする動きが顕著になっています。水をください、水をくださいと川で死んでいった沢山の人々。黒く焼かれた人々やズルリと剝けた皮膚をぶらさげた沢山の人々を運んだ大田川に、遊覧船を浮かべようとしています。平和都市を標榜する広島市が、活性化の名を借りて、そんなことをする。何万人もの精霊をのみこんだ川にです。こうして市みずからが風化を促進させているんです」。

忘れ去られ、片隅に追いやられていく戦争。近頃、戦争でもらった賞状や勲章を神棚や仏壇に飾る遺族が増えているという。「戦争はいやだ、反対だという人たちでも、死んでいった肉親が、この世に存在したんだということを確かめるためにするんです。忘れられることは悲しいことです。遺族の胸中は複雑でしょう」。こんな遺族たちの心理につけいるかのように「戦争で亡くなったご主人のことを本にしましょう。五〇万円いただけませんか」などという商売も横行している。

神田さんは広島に生きつづけて、庶民として庶民の文化を考えつづけてきた人だ。その文化も風化に晒されている。機会があれば、新聞・TV、講演とエネルギッシュに行動する神田さんでも、非力を思うことが多いようだ。「非力は無力ではありません。力は弱くとも運動を継続していくなかで、輪は広がります。私は出来ることはなんでもやります」と。

数年前に出した『原爆に夫を奪われて』（岩波新書）は版を重ね、英語、ドイツ語にも訳されている。今度小社から刊行予定の『咲け！山ユリの花』も、平和と人権について問いかけるものである。島根県境に近い山間の小学校の児童たちが、三七年間、休むことなく、日赤・原爆病院の患者へ山ユリを届けつづけた記録である。三七年間も継続されたこと自体に驚嘆するが、この活動は、苦しみのなかで生きる人びとに喜びをもたらすことが、どれほど尊いことなのかを児童たちに教えてきた。人間について、戦争について、そして平和について考える芽が育まれていく。神田さんは今、最後の取材に、雪の中に足を運んでいる。

（一九八八・一）

一体感は力だ――『男たちの出版社』を読む

「企業というものは、一体感がないと発展しません」――明日香出版社の石野誠一さんの新著『男たちの出版社――体験的小出版社運営の手引き』の中の一語である。

乳呑み児を抱え女房と二人で始めた極小出版社を、なんと今は月間数万冊を売るメジャーに仕立てあげた風雲児のご意見である。丸ごと火の玉になることこそ持続の条件だ、と信じている。私には好きな言葉だ。

「一体感」とは経営の勢いであり、人間が生きていくのに欠かせない「力」でもある。背反から生み出されるものは憎であり恨であり、蔑である。ロクなものがない。インキの匂いもまだ残る新品の「明日香ヒストリー」を胸あつくして一気に読んだ。毒気にあてられてなんだか頭が重い。

それにしても、石野さん（いっしゃんと呼ぶ）は名言を吐く実力者、名経営者と何とつき合いの多いことだろう。その一人。『オレの軍歌』を書いた赤井電機社長の赤井三郎さん。「ほしいものがあったら、ほしいほしいと努力することです」ですって。これはいっしゃんの日々を支えている哲学である。さらに赤井さん「人間の生き甲斐というのは、家族を含めての衣食住の向上にあるのです。自分の力で一つ一つこれを達成していく喜びはなにものにも代え難いものです」。いっしゃんは、赤井哲学の実践者である。

いっしゃんの名言「脱サラで大事なのは技術ではない。ヤル気や元気でもない。もっとも大事なことは『考え方』なのだ。出版社に限らず、脱サラして失敗している人の殆どはこの『ものの見方、考え方』がなっていない」。恐れ入ります。

『立ったら歩きなはれ』『ヨイショ　男はこけて強くなる』『よっしゃ　イチから出直しや』などビジネスマンへの応援本を書き続ける後藤清一さん（三洋電機）も凄い。いっしゃんはその分身か。「努力とは何か。努力を支える要素は三つある。苦労、勤勉、持続だ。これを実行している人を努力家というのだ」。もう何もいうことはありません。

明日香に集うサムライたちは、ユニークな男たちだ。目一杯働き、目いっぱいに生きる。われわれは強靱なもの、精いっぱいのものを見るとき勇気づけられる。明日香のかつての苦境を救ったものは、その強さと一生懸命であったにちがいない。そのような仲間と遭遇できたいっしゃんは幸運というより強運な男だ。これは金で買うことはできない。願って叶わざるはなしというが、これは願っただけではやってこない。

わが社の出発も明日香に先立つこと小一年、ほぼ同時期だ。以来一五年、著者の紹介も受けた。装丁についてのコメントももらった。会社づくりの要諦も伺った。どれも耳の痛いことばかりだったが、素直に聞けた。出版物の分野に違いがあるとはいえ、小社は相も変わらず少部数、読者特定に近い本ばかり。売れつづける明日香の本を見るたびに「やるねえ」と思う。隣の芝生は真っ青に見える。

（一九八八・一）

基本資料の出版

今更言うまでもなく『銀行通信録』は、わが国金融史研究においては必要不可欠な文献である。明治・大正・昭和期の完全復刻を目指している。総巻数二一〇巻、数年かかるだろう。「そんな少部数の顧客特定本で商売になるのか」と心ある友人知己が心配してくれる。「商売」というほどのことではないが、利は薄いが仕事にはなっている。かつて一五年ほど前には復刻資料は三〇〇部が最低で、多いときは七〇〇も八〇〇部も作っていた。それが年々低下し（売れなくなって）、今では幼稚園児でも数えられるほどの部数しか作れない。

愚痴を言うくらいならよせばいいのに、小社はこの資料復刻をガンとして離さない。もちろん、小さな商売になっていることは勿論だが、それ以上に基本資料に対する絶対の信頼を寄せているからである。

世界がますますこみ入ってくる中にあって、基本とか、原点とかはやはり文献の中に求めるのが正当なやり方だと思うからだ。古典や名著を読まない者がどんなに博識を披露しても、それはただの物知りに過ぎない。ものの基本を学びとっていない。話に骨がない。説得力にも欠ける。こじつけではない。図書館には基本図書は備えつけられていなければならないと思う。利用度がどうの、ということはあるのだろうが、小説やビジネス書は個人に買ってもらって、とても個人では買い切れないもの、それが図書館には安置されているべきではないか。五年に一度でもいい、その資料を本気で利用する人が出てくれれば、それでいいのだ。……とでも思わなければ、基本資料の出版はとてもやれない。

（一九八八・四）

「品切れなし」の見栄

常備書籍（書店に一年間陳列してもらう本）の入れ替えで三月はてんてこまいだった。たかが本のセット組と思ってはいけないのだが、あらためて手間のかかる仕事だと思った。編集部にも手伝ってもらい、さらに入社早々の女子社員も動員して、昨日終わった。

小社の常備品の回転率（売れ行き）は小売書店から歓迎されているわけではない。売れる物を売りたいお店の方からすれば、専門くさい本は敬遠したいだろう。でも高定価の本は、手にとって開いてみて、購入の判断をしたいのは、読者の正直な気持ちだろう。専門性が高くなればなるほど、「常備店」は必要だし、そういう店に頑張ってもらいたい。

悲しい便りも届いている。「昨年度、貴社の本は一冊売れただけでした。今年はご遠慮いたします」（生協）、また嬉しい言葉も聞けました。「あんたんちの本は、どんな古いものでも品切れがない。頼りになる」。これは大手の書店から。

よく考えてみると、このふたつの話は表と裏ではないか。売れないからいつでもあるということ。でも小社は、五〇人くらいの注文者がいると「待たせては悪い」なんて言いながら、重版している。だが、五〇人で注文は途絶える。きれいに包装して倉庫に積んである。重版すれば印税の心配もしなければならない。印税を催促されて渋面をつくっているのが事実なら、自業自得か。

「品切れなし」なんて見栄を張るのは結構大変なことなのです。（一九八八・四）

助けられる本

ゆぴてる社の閉社によって小西四郎・遠山茂樹編『服部之総・人と学問』なる本を出すことになった。法政大学の松尾章一さんの肝いりである。本は七月に出来たのでそのこと自体に問題はない。刊行される本の運命についてちょっと考えこんだ。かつて八年ほど前、未來社西谷能雄さんの『預金者の論理と心理』の刊行を小社で負うことになっていたのだが、小社の事故で出せなくなったことがある。事故当時の出版社は明日をも知れぬ状況に陥っているのが当然だが、本は強い。未來社で立派な本になった。ゆぴてる社で出なかった本が今度はわが社から出た。ゆぴてる社は今苦境の最中だと思うが、社長さん、元気でいてください。本には命があります。どこかで生き続けます。小社はあの事故で西谷さんの本を出せなかったが、その事故を理解し、われわれを助けてくれた印刷、製本、用紙のみなさんとの絆は太く強くなった。ひとびとは、あの事故にわれわれが、どう立ち向かったか、ということを見ていてくれたのだ。

長い梅雨があけて、さあ夏だと思いきや、台風の襲来によって雨もりはする、靴は濡れる、楽しみにしていた海もパーで、今年の夏は暗かった。とは言え、雨のせいで何人かの友人とゆっくり酒が飲めた。同業のMさん。「決断力のない人は、小なりといえども会社のトップになってはいけません。他人の言いなりになるお人好しは、凡人であればそれはそれで可愛いが、お人好しのトップは、馬鹿同然であり悪とさえ言えます」。私のことを言っているんですか、と聞きたくなった。同席していたHさん「状況に流されることは、正しい場合もあるぜ、それは弱さだけれども、決して邪悪ではない」この反論で少し救われた。

社員の松永尚江曰く「自分で使った灰皿一つ、コップ一つを片付けられないような人に、出版文化だの協同だのと発言する資格はありません」。ずけずけ言うけど正しい指摘だとも思う。心の沈んでいた夏、他人の顔が逞しく見えた。

（一九八八・八）

出版にルネッサンスの風を！——出版労働者協同組合の誕生

新井直之（創価大学）、富澤賢治（一橋大学）、木下武男（法政大学）、今崎暁巳（ルポライター）の各氏をはじめ、マスコミ・出版関係の多くの人々と、出版ネッツが呼び掛け人になって開かれた「出版・マスコミにルネッサンスの風を！」と題する集会が、一九八八年六月二五日から二六日にかけて静岡・伊東で行われた。一六四名が参加して、夜も寝ずに討論した。「ルネッサンスの風」がどんなふうに吹き始めるのか、気になって近所の男たち二人を誘って出かけてみた。以下は傍聴記、おつき合い願います。

順を追ってレポートの内容を紹介します。

フリージャーナリストの亀井淳さんの講演「ジャーナリストから見た日本の文化」——マスコミに身を置く者は、見晴らしのきく所に立って全体を見ようと努力するのが普通だが、最近はF

F週刊誌にみられるように、小さな穴からのぞくような傾向がある。男性誌でも人間には興味を示さず、ボールペンとか財布とかのいわゆる小物に視点があてられている。誘導されていると言ったほうがあたっていよう。

さらに、アグネス・チャンの母子論争も、林真理子、残間里江子が「いい加減にしてよっ」と抑えにかかった場面からおかしくなった。二人は、ややこしいことは避けたくなる男の発想に似ている。一口で言えば体制側に立ったということになろう。

軍事基地反対で闘う三宅島を取材してきた。島民は国内、国際という連帯の拡がりだけではなく、過去、未来という歴史とも連帯している。ひとつのことを五〇年、三〇〇年の単位でみていくこと、これは都市生活者が見失ってしまった大切な視点である——。

続いて富澤賢治さん。「文化おこし、仕事おこしの主人公をめざして」——文化は広く言えば、人間に役立つもの、生活を豊かにするものを作ること、と言える。人間に役立つものの基本は、人間が生活する場である自然であり、その上に社会や個人が座っているのだ。

文化がゆがめられているということは、自然が痛めつけられ破壊されていることと同義である。経済的に言えば、人間に役立たなくても、金儲けになればよいという資本の原理である。こういう環境の下で、人間自身に悪影響が出てきている。人間関係がおかしくなり、耐える力、想像する力、自己決定する力が欠如してきた。子どもを企業に高く売りつけるために、企業好みの子を育てている。自然がこければ人間もこけるということを今胸に刻んでおきたい。

「出版ネットワーク」の出現は出版と地域とをどう結びつけて行くかの方向として「労働者協同組合」を指向している。労働者とか雇われ者という立場を脱して、新しい共同体を目指している。日本の出版史の中でも画期と言えるのではないか。出版は、送り手から受け手という一方通行から、相互に補完しあう協同の場へと移っていかねばならない——。

実践報告は出版研究者橋本進さん。親子読書地域文庫連絡会廣瀬恒子さんほか、市民生協、編集プロダクション、音楽ユニオン等の人々がそれぞれの分野から荒廃する文化の現状とその歯止め策を提唱した。会場から拍手がおこった。

橋本進さんの話。人間の発展とは何かという問いに対して、一九八六年ナイロビで開かれた国際婦人会議の宣言文を引用して、「人間の発展とは、肉体的、知的、道徳的発展を意味する」と指摘。発展に出版はどうかかわっていけるのか。

報告の最後に、この集会の仕掛け人の一人、出版ネッツの小鷲順造委員長の熱っぽい発言。これからの組合運動は、賃上げばかりを叫んでいてもダメだ。自分たちの本づくり、文化の問題について社会に要求していく主体になりたい。ユニオン・ネッツの結成から一年半、この間、実に豊かな出会い、学習、交流があった。労働者協同組合という相互扶助の運動について学ぶことは多かった。日本の出版と文化を守るために運動を前進させたい。

夢多く出発したばかりの組織には、青っぽい力がある。

夜の部、全国から来た青年が悩みや希望を語った。一つだけ強烈に記憶に残る発言をした女性がいた。中高年雇用福祉事業団の田中羊子さん。「問題が起こったとき、それを配置転換で解決しようとするのは、最低の官僚のやることだ」と。

（一九八八・八）

「持ち込み」または「連れ込み」について

小とは言え、出版社の看板を掲げていると、まだ見ぬ執筆者・研究者から出版について相談を受けることは多い。殊に春になると多い。世の中から屁もひっかけられなくなったらおしまいだと思っているから、この種の相談には殆ど乗っている。多様な人がやってくる。その中でも一番多いのは、既に小社の著者になっている方からの紹介だ。

この場合は「何某君を紹介する」旨の連絡が入っていて、おおむねその筋書きが分かっているので比較的話はしやすい……はずなのだが、出版されることが当然のような顔でくる人もいる。当方は出版社だから、出版するのは当たり前のことなのだが、おしつけがましい物言いをされるとムッとくることもある。

また、何の紹介も前ぶれもなく単騎乗り込んでくる勇敢な人もいる。このパターンはいわゆる専門書ではなく、限りなくキワモノに近い作品を抱えていらっしゃる。そして必ずと言っていいほど「売れる」ことを強調する。時には小社で今まで印刷したこともない初版部数を提案する。ちょっと待って下さいヨ、売ったり返品されたりするのはこちらなんですよ。そんなに売れるなら、他社に持っていってください、と喉まで出かかる。学術書出版という少部数に慣れていると、売れるということがどれだけ至難であるか分かっているので「売れる、売れる」と言われるとそれが却ってウソかホラに聞こえてくる。

「連れ込み」というのは、ある高名な著者の本を作っている過程で、「あの子の研究はすばらしい。出してやってくれ」と耳打ちされること。進行中の本に差し障りがでないか、先生と気まずくならないかなどと心配し、出す羽目になってしまうこともある。こちらもだらしがないのだが、先生もいいタイミングで持ちかけてくるのです。

右のような出会いの原稿を「持ち込み」とか「押し込み」「連れ込み」と言っているのですが、学術書は人との縁で企画刊行されることも多いので、一概に敬遠できないのです。

どうしたらそれらの原稿が、出版にまでこぎつけられるか、小さな体験からいくつかを紹介しましょう。

① テーマがその出版社の出版物とあまり異質でないこと。経済書の出版社に推理小説や少女漫画の企画など持ち込んでも、歓迎されないのは当然である。そんなこと分かっていると言うなかれ。小社にも「神は如何にして神であるか」とか「邪馬台国の読み方」なんてものが持ち込まれたことも再三あるのです。

② 原稿が整理してあること。書き殴りや乱雑に綴じてあるものは、いい気はしません。また既発表論文を何の手もいれず、だまって本にしてくれ式のものもご免蒙りたいものです。

③ 学者であれ、ライターであれ、その人がその原稿を仕上げた必然性を説明できること。何

となく書いたという人はいないでしょう。原稿を書くということは、非常な熱意と怨念のような力が必要です。その説明ができなくて何とするか。

④　出版社はその原稿を通して、その筆者の人格とつき合うことになる。編集者は必ずしも人格者ではない。「こいつとはつき合えない」と感じたら、口実をつけてさっさと引き上げたらいい。まだ取り返しはつく。これはどっちもどっちの話。

⑤　以上がクリアーできたとしても、出版社に力がない場合は諦めたほうがいい。力がないことを具体的に言うと、「出版社に資金がないとき」「担当編集者が忙しすぎて片手間にやる気配を感じたとき」です。ろくな結果をもたらしません。

しかし、こんな単純なことを全うすれば本は出来てしまうのでしょうか。著者と編集者との出会いは昨日や今日に始まっているわけではありません。彼が大学院生だったとき、あるいは当方がただの読者だったときから、心の通い合いのあることだってあります。本は活字を通しての編集者と著者との格闘です。その格闘の輪の中に読者を巻き込み賛同を得るのです。賛同者が多ければ沢山売れたこと、巻き込まれる人が何代にもわたれば、名著ということになります。

ある人が原稿を出版社に持ち込むということは、出版社という法人格とつき合うのではなく、そこで生き死にする出版人とまるごとつき合うことの始まりなのです。

（一九八九・三）

出版は体力勝負だ——【一九九〇年〜一九九五年】

売れ残り教科書

春は新学期なので教科書の注文が続いた。出版界ではこの種の注文を「採用品」とよんでいる。春と秋、それに試験が近づくと集中するので、出版社もその気で待ちかまえている。そのこと自体は問題ではない。問題なのは、テキストを使用する先生とそれを販売する生協や指定販売書店との間で、「売れるであろう数」の違いである。採用品が先生ご自身の著書だった場合、先生は「すっごく売れる」あるいは「必ず買わせる」と張り切る。これが間違いの始まり。生協、書店でも教科書は一時期に売れるものだから、品切れを出しては損をする、とばかりに多めに取り寄せる。出版社の方でも、返品を心配しながらも、言いなりに出荷することが多い。慾でつながったこの紐は、結局五月の連休明けに、新品だった美本の横っ腹に、くい込むほどのビニール紐に縛られ返品となる。

こんなことを何年くり返してきただろうか。いい加減くたびれて、何年か前から「受講生は何人ですか」と聞いて、その三割くらいを目安に出荷している。それでも売れ残る日々。

注文するのが上手だと思えるのは、専修大学に入っている本屋さん。三〇冊だとか五〇冊の小口注文を小刻みにしてくる。「返品させてくれ」なんて一度も言ってきたことがない。慶応大生協からも返品要請は少ない。ベテランが棲みついてる気配がする。

実名では言えないが、「経済原論」で受講学生五〇〇人の教室があった。四〇〇冊の採用注文が来た。書名『資本理論と……』、五二〇〇円。定価合計で二〇〇万円を超える。出版社がいくら欲の皮が突っ張っていてもこれには疑問をもつ。「いいんですか」と何度も念を押して出荷した。もう後は書きたくない。美本が汚されただけだった。

（一九九〇・六）

長いものに巻かれ続けて

未來社の西谷能雄さんがまた本を出した。『出版界の意識変革を索めて』（影書房）。その序にこうある。「私は多くの発言をしてきた。私は自分の発言と行動には全責任をもつことを信条として生きてきた。ほんねとたてまえを最大限一致させたいと念願してきただけに、たとい蟷螂《とうろう》の斧ともみえる無力をも省みず、決して〈長いものには巻かれまい〉との姿勢を貫いてきた。……出版という仕事は精神の自立なしには選択されるべきではないとの思いがある」。

取次からは言われ放題言われ、掛け率も、配本部数も、歩戻しも、支払保留も、何一つ突っぱねた覚えのない者にとっては、実に頭の痛いお言葉である。長いものに巻かれ続けていると、そのこと自身が日常となって間違いを起こしたり、重ねたりしていくようだ。何も出版という生業に限ってのことではなくても、人種とか性別とか職業とか、あらゆる場面で〈長いもの〉になった気分になってはいないだろうか。巻くも巻かれるもそれは同根だろう。巻かれ易い奴は、自分より小さいものを巻きたがる。日夜の心にそれがちらついているのを意識する。恥ずかしい。

人は一時的に信念とか闘志をもつことは出来る。しかし、西谷さんのように、それを持ち続け行動し続けることは難しい。精神の自立ができた人も、できない人も、西谷さんの発言に否は唱えられまい。西谷さん七七歳、次の本も待っています。

四月は小社の決算だ。利益が出たか出ないかは問題ではない。確かに言えることは、本を出しながら食ってきたということ。かつて薄氷をふみ食いつないだような心細い体験を持つ者には、食えることの安心やうれしさがよく分かる。この時期だけは、この社に巣食う一人一人を抱きしめてやりたくなる。

貧乏たらしいことばかり言ってんじゃニャー、名古屋に住む株主今井勝彦さんからお叱りがきた。資本主義社会では、儲けることがジェントルマンだと言ったのはフリードマン先生。だが出版を業とする限り、金儲けを動機に、人間の持っている獣性に群がるような会社の編集者や刊行者にはなりたくない。新井直之さんのことば。――本は売れなければいけない。だがそれを目的にしてはダメだ。

（一九九〇・六）

紙から木は作れない

『日本に森林はいらないか』『熱帯雨林そして日本』『森林から都市を結ぶ』みんな当社の出版物。今世紀から二一世紀にかけての最大の課題は、地球環境を守ることだろう。石炭も掘った、石油も汲みつくしそう、そして木は伐り放題に伐ってきた。木は人間の歴史とともにある。消費する木材にしろ、生活の場としての森にしろ、人間の生命や暮らしと深くかかわってきた。

出版社で一番消費するもの、それは何といっても紙だろう。極小とはいえ、小社でさえも年間に使用する紙は九〇トンにもなる。材木だったら乾燥度にもよるが、三倍強のトン数が必要だという。

九〇トンも紙を汚しておいて、そのうちの何トンかは廃棄処分の羽目になる。くず紙業社に引き取ってもらうとき、お他人さまにいわれるまでもなく、「何と資源の無駄遣いをしているのだろう」と思う。捨てる話はあまりしたくない。

製紙メーカーの集まりである日本製紙連合会が「リサイクル55計画」なるものをうちだした。現在の古紙利用率五〇％を五五％に引き上げようという計画だ。古紙利用率五〇％は外国に較べると高いのだそうだが、最近はOA機器の急増で再利用できないものも多くなり、再生は頭打ちだという。

消費する出版を目指してはいけないが、あわれな末路をたどる何点かの本を見送るとき、紙の未来も気になります。何といっても、木から紙は作れても、紙から生きた木はつくれないのだから。

（一九九〇・八）

歴史ある出版社の重み

九〇年六月七日朝、新聞社から電話があった。「『ウィル』（経済雑誌の誌名）の件はどう対処する気か」と。あわてて読売新聞社会面をみる。「中央公論社の雑誌ＷＩＬＬねつ造記事掲載編集部員が無断転用」とある。編集部員が小社の出版物の叢書「産業の昭和社会史」の中の『証券』から記事をつくりその本の著者名で掲載したものだった。この小出版社に、あの中央公論社の局長とか、編集長とか、あげくは社長まで、入れ替わり立ち替わり謝罪にきた。だが、どの要人も、当の編集者を「とんでもないヤツ」「頭がどうかしている」などというだけで「ごめん」のごの字もなかった。社としてどう対応してくれるか質すと、やっと気がついたように社長名で詫び状をだすという。これでケリ。中央公論社は百年を越す歴史をもつ出版界の古株である。古株はただ古いだけでは意味がない。斯界の範たる言動があってこそ古株なのだと言いたかった。

もう一つ、古株の話。東京堂書店が今年でちょうど百年になる。『東京堂百年の歩み』の贈呈を受けた。六〇〇頁を越す大作。口絵に開店当時の間口三間の写真が載っている。歴史を感じるいい写真だ。東京堂は、かつて勇名を馳せた博文館と人的な姻戚関係は濃い。この博文館の出版活動をバックに、取次・書店・印刷にまで手を広げ、戦前は東京堂抜きでは出版流通は語れないほどの力を持っていた。戦後取次部門はトーハンなどに継承されていったが、今は出版と小売で我を通している。大人の本屋である。学びたい先輩でもある。

そんなことの中で、今まで刊行したきたものをジッと眺めてみる。本は、出したくてだすもの、誰も出さないからだすもの、脅されて出すもの、金になるから出すもの等々いくつかのパターンはあるが、「出してはいけない本」というのもあるはずだ。何の基準で出してはいけないか、これが出版社の度胸を決めるカギだ。

（一九九〇・八）

受賞の夜

佐藤誠『アフリカ協同組合論序説』、堀越芳昭『協同組合資本学説の研究』の両著が、同時に農業協同組合研究賞を受賞した。受賞の前夜、三輪昌男先生をカシラに心ある青年研究者が相集い、お二人の受賞を祝った。祝いのことばらしいものは、どなたもご発言なさらなかったが、これからの協同組合研究と協同組合運動の前進に向けて、固い決意を交わしたのだった。ここまでは美しい呑み会。決意だけなら海部俊樹首相と同じレベルだ、実行がなければ意味がない、と誰かが叫ぶ。結局、協同組合の研究と運動は、誰だかの偉い人と偉い先生にくっついて行くのではなくて、俺たちがやろう、と舞い上がり、危うくインターナショナルを歌いだそうとするのを、止めたり抑えたりするのがやっとだった。

翌日、日本経済新聞社から「日経・経済図書文化賞」受賞のお知らせ。島崎久弥『円の侵略史』である。すさまじく乱雑な原稿を受け取ってから年余をかけて上梓。印刷所も編集部も担当者までもが「何やってんだろうね」と言い出すほど手間のかかった作品であった。しかし、この本は、日本の植民地政策、通貨政策の展開過程を、いわば通史的に開示してみせたものであり、大陸における資源と戦費の、現地調達手段と化した日本の金融の実態を知る上で、格好の書となった。アジアと日本は、対決から事実の相互認識の必要性が強く求められている。その意味からも心ある人には読んで貰いたいものです。授賞式の後、賞金を抱いた島崎先生、私に強請《たか》られるのが面倒だったか、さっさと帰ってしまった。いいことが二つも続いた。

長野県・小諸厚生病院の諸兄姉の手によって書かれた『医療を超えて』が出来た。医師と看護婦はもちろん、売店のおばさんから案内のお嬢さんまで全員参加の本だ。この病院が地域と患者のために、文字通り夜も昼も、自分のやるべきことは何かを問い続けていることに胸打たれる。看護婦たい子さんは、廊下を走り回る自分たちの足音が、患者にどんな快・不快を与えているかを調べ、患者のためになる正しい歩き方を発見している。そんな書き手に会いたくなる爽やかな本。

（一九九〇・一〇）

死んだら心に生き続けるだけだ

親しく、そしてやさしい人生の指導者であった朝日信用金庫の元常務新《あたらし》八代《やしろ》さんが逝ってしまった。去年の二月に倒れて以来、一度も口を開くことなく、黙って逝ってしまった。新さんとのかかわりは当社の初期の本『信用金庫――そのビジョンと展望』に始まる。翌年には単著『信用金庫経営の基本問題』も出た。両書とも信用金庫の存在そのものが危うくされていた時期だったのでよく売れた。助かった思いもある。ただ、それより何より、新さんといて、夜の新宿や麹町で、おてんばな娘さんに囲まれて飲む酒の味を知ってしまったことだった。私が飲んべえになった一端は、新さんの訓練があったことはまちがいない。

新さんは、大正六年埼玉県深谷市の在の医者の倅《せがれ》である。体が弱く、左翼っぽい本ばかり読んでいた青年だったらしい。東大を卒業した後、兵隊にも行けず農業団体に勤めていた。新さんが何時の日から協同組合とか自由とか解放とかを真剣に考えるようになったかは知らない。私が出逢ったときは、それらのテーマを深く考えている人だった。信用金庫という職場にあって、中小企業と低所得者のための金融を通して、社会の改変を強く希望していた。遺書があった。「人は死んでしまえば、残された人の心に生き続けるだけだ」とあったという。新さんとのお付き合いの中で、高校の先輩相川直之さんを発見し、協同組織金融の研究者としての森静朗さんと安田元三さんにも長期のお世話をかけることになった。

（一九九一・三）

ブックデザイナーの登場

本はひとつひとつの生きものである。それぞれに個性と主張がある。これをどう表現するか、それには本文のレイアウトだけではなく、ブックカバーの力も大きく関わっている。そんなふうに心を入れ替えたのも、読者といわれている学生や若い先生のファッション感覚が変わってきたことに気がついたからである。学術書の販売がカバーの美醜によって左右されるとは、あまり考えたくないことだったけれど、どうもそれは本当らしい。確証はないが、共立女子大学の先生が言う。「ブックバンドやスケスケのケースから見える教科書・参考書は美しいのが条件。単色刷で箱入りなんてのは持ち歩かない。本はネックレスやイヤリングと同格です」。

そんなことを言われたところに、出入りの根本製本所の社長から「いいデザイナーがいるんだけど。才媛だぜ」と紹介されたのがデザイナーの渡辺美知子さんだった。面接。才媛はともかく、あゆみ出版でのにがい経験や、人生の暗闇もちっとはくぐってきたらしい雰囲気に惹かれた。初仕事は堀経夫『明治経済思想史』だった。

わが社のブックデザインは多田進さんを嚆矢とする。一九八〇年、折原脩三さんの『老いるについて』、薄井清さんの『あの鳥を撃て』の二点のデザインを依頼してから十数年間ほどは多田さんにいくつもの作品をお願いしてきた。多田さんは忙しかった。渡辺さんに仕事を頼むようになってから、わが社のカバーデザインは様相を一変した。冷徹さが増し、本の中味への信頼が惨みでたのだろう。

（一九九一・三）

二〇周年を迎えて

この四月三〇日をもって、わが社は二〇周年を迎えました。初めの五年は、出版社の下請けなどをして暮らしました。次の五年は、沢山の人を採用し、全国的な販売を展開しましたが、うまくいかず、規模の縮小を余儀なくされました。一一年目からは全社で五人の出発でした。重い負債もありましたが、力を合わせてはねのけました。二〇年を経て、単行本六七三点、復刻資料七七〇冊が到達点です。

あらためて申し上げるまでもなく、この二〇年はみなさまと共有できる時間ではないでしょうか。いろいろな方にお世話いただきました。ありがとうございました。

二〇年を記念して盛大に呑むか、と同業の先輩が言ってくれましたが、お断りしました。「よくつづいたねえ」とか、「あの時はだめかと思った」という類の慰めを聞くのも、あまり身体によくないと判断したからです。記念に何かをまとめようと思っています。

歴史家が最後に書きたい物は、通史だと言われています。だとしたら、本屋はなにを最終目標にしたらいいのだろうか。日本経済評論社にしかできなかった仕事、日本経済評論社の編集者にしかできなかった仕事、そして私にしかできなかった仕事、をやり遂げたいと思っています。二〇歳になったばかりの、発展途上の出版社。勇気をだして頑張ります。変わらぬご支援をお願い致します。

（一九九一・六）

記念誌『転蓬《てんぽう》廿年』をつくる

一九九二年、正月あけに小社二〇年の記念に『転蓬廿年―書評にみる日本経済評論社の本』をつくった。ふだんお世話になっている著者や読者・図書館に送った。「何だこれは……」と確かめの電話をしてきた人も何人かいた。

去年の春、小社からも何冊かの本を出している石見尚さんに「記念誌」について相談した。石見さんは、著者が出版社をどう見ているかよりも、君たちがどういう物差しで著者を選んでいるかの方が知りたいのだ。図書目録に並ぶ著者はなぜ君のところで出すことになったのか、書く側には分からないのだ、という。

そうかも知れないと思って、あれこれ考え、この本はどういう経緯で出来たんだっけ、あの本はどなたの口利きだったっけと思いおこし、刊行本の「履歴書」を書きはじめたのだが、そのどれもが上手く文章にならなかった。その時、ひとつの現象に気がついた。出版物の全てが、心から歓迎されて本になっているのではない。著者のあとがきに常套的に書かれる「この厳しい出版事情の折柄、あまり売れないであろう本を快く出版してくれた」ことに感謝するという文言。誤解を招く言葉だ。

「厳しい出版事情」――専門書はここ十数年、いやわが社始まって以来、とてもよく売れたという記憶はない。決して今だけが「厳しい折柄」ではないのだ。誰それの本が、と言おうとしているのではなく、専門書の環境はいつもよくないのだ。その出版は、プランの質や市場性を超えて、編集者と著者の度胸と愛嬌がささえているのだ。

次、「あまり売れないであろう本」――著者がそう感じるのは正しいが、そんな発言は控えた方がいい。出版社に貢献するために研究があるのではないし、研究者もそんなつもりもあるまい。

売れたかどうかは結果であり、そのことに研究者が基準を置かなくていいだろう。出版社は確かに本を売って生きているのだから、売れなければ困るけれども、売れるから出すという売上げ本位の本屋になるつもりはない。

小社に籍をおく編集者を含めたすべての者が、著者との深い人間関係、格闘してきた研究成果の価値と評価、お互いが抱き合う過信にも似た自信、等々を腹の中で攪拌し、著者を選び研究成果の公開を手助けしているということ。これらの諸点が確認できたときに「快く」なるのである。売れるから快、売れないから不快となるのではない。

話を戻す。小社の本の誕生にまつわることは、思うこと多すぎて、結局まとまらなかった。筆をすすめていくうちに、企画に躓《つまず》き、営業的にピンチになったことなどの方にひどく傾斜してしまった。こんなことしか書けないのか、と自嘲的にやめた。

そんな中で、われわれの造った本はどう読まれているのだろうか、ふと思い、書評のファイルに目を通し始めた。書評は出たときには読むが、あとでまとめて見るということは殆どない。どちらさまでも同じだろう。

七〇本近い書評に目を通した。必ずしも褒めていない。誤訳の指摘から誤植の指弾、果ては編集者の態度にまで言い及んでいるものもある。正しく読んでいないものもある。結構多彩な読み物だった。これを集めて二〇年の記念にしよう、そう決めた。

タイトルは少し迷った。腰の座らなかった二〇年だったことを思い「転蓬」とした。よもぎが風に吹かれて転がっている二〇年の風情です。
ともかく、自らで語ることが出来ず、書評誌紙に語ってもらった、わが社の二〇年です。

（一九九二・三）

編集者が倒れたら

二月の寒い日、編集部の谷口京延が倒れた。大作の校了に追われ、徹夜に近い印刷所での出張校正が続いていた。最終校正が終わった翌朝、体に異常を感じ、そのまま入院ということになった。幸いにして異常は軽微であり、間もなく冗談や悪態をつけるようになった。ホッとした。心配してくださった取引先や先生方、どうぞご安心ください。大丈夫です。

ところで、「谷口倒れる」のニュースに、関係者から象徴的な二つの反応があった。ひとつは「私のせいでしょうか」だ。寝不足なのに明け方まで一緒に飲んでいたとか、分厚い本の校正に幾晩もつきあわせたとかの、後ろめたさを伴ってのものだ。これは正しい反応だと思う。寿命のきていた電球に、スイッチをいれてしまったときに似ている。気持はよくない。あの心境だろう。

もう一つは、「私の本はどうなるのでしょう」だ。仕掛かりの本のことだ。谷口の行く末より、自分の本の運命が気がかりだ。これも正直な反応だが、なんだかかな。谷口は少年時代から体の鍛練はしてきているので、多少の酒や疲労では死にません。たくさんのお見舞いありがとうございました。

倒れてしまったものもある。『朝日ジャーナル』が倒れた。一九五五年創刊にして享年三三。筑紫哲也と下村満子が追悼対談をやっている。その中で、下村が「本来メジャーになりえない雑誌、それでいて存在感があった雑誌を支えられなくなったというのは、朝日新聞の状況であると同時に、日本の状況も反映しているのか」としみじみ言っていたのが心に残った。また、出版各社からの広告にも何社かは「追悼」「再見」と別れのことばを記していた。『エコノミスト』はジャーナルが消えても私たちは頑張る、と悲壮な覚悟を表明していた。現代書館は「わしらの落とし紙は『朝日ジャーナル』のこの硬さがよかったのに」としんみり。小社も香典として一頁広告をはずんだ。さらば『朝日ジャーナル』。

マイナーはメジャーから脅かされつづけている。出版の世界も同じだ。彼等にどんなに刃向かい、罵倒しても利き目はない。彼等はこれっぽちの後ろめたさももっていない。さまざまな出版人がいる。束にしてひっくくることは出来ない。それぞれ個別の辛苦であり、個別の喜びがある。われわれは、なんぼ稼いだかよりも、何をしようとしているかと、小は小なりの道のりを生きなければならない。

（一九九二・六）

磯辺俊彦さんの退官

千葉大学の磯辺俊彦さんが定年退官された。六月に退官祝いがあり、うまい料理を腹いっぱいご馳走になった。美人も来ていた。そんなことはどうでもいい。帰り際にもらった本のことだ。

『歴史と風土を考える』(四六判・二五〇頁)、久留米絣にくるまれた上品な本。最終講義や読書についての小文が収められている。適度な理性と感性をお持ちの方ならきっと好きになる。この本の中で、「近頃学生気質」と題する章に四〇ページが割かれている。先生の文章は一字もない。講義中、おしゃべりしているなら何か書いておけ、と言って渡したカードからの一部だという。さわりを紹介しよう。

・今日、このあと彼女と別れ話をします。
・私は自分の父親は最低の人間だと思っています。
・水は蛇口をひねれば出るものだと思っていました。
・島尾敏雄の『死の棘』を一章分読みました。
・尾瀬あきら『夏子の酒』を全巻読みました。
・今まで授業に出てこなかったことで損した気持ちです。
・最後だと思うとさみしい気持ちになってきます。
・私は国士舘大の学生です、来週も来ます。

楽しいメモが続いています。いい先生だったことが思い知らされます。

憂鬱な日々がつづく。正月一番、元の取れる本を作ろう、初版の七割は半年で売ろう、とかけ声を掛けてみた。誰も反対する筋合いのことではない。承知したらしい顔が並んでいた。顔だけだった。こりゃだめだ。そのせいではないが、一九八五年から定期刊行してきた『石油年鑑』の版元をオイル・リポート社に頼んだ。採算面の問題もあったが、それだけではない。小社のスタッフではこの巨大な業界に根を張り、枝を伸ばしていくことの難しさを思い知らされたからだ。限られた数とはいえ、定期で購読してくれる読者がいる本を何の手も打たずに廃刊することの不実を恐れ、引き継いでくれる版元を探していたのである。編集委員のみなさん、販売に労を惜しまなかった方々、非力をお許しください。今はただ、この年鑑がオイル・リポート社で育ち、愛される刊行物に育ってくれることを祈るばかりである。

他人ごとではない。雄松堂出版に一年以上も眠っていた翻訳原稿がこちらに回ってきた。三冊分一遍にだ。外国の経済学者の伝記。雄松堂に依頼されて翻訳したのだという。たしかに当初の計画からはずれて出版が困難になる例はいくつか紹介してきたとおりだ。しかし、依頼した原稿であれば、その結末はつけねばなるまい。著者や訳者につっ返すのは邪の道だ。雄松堂は自社で無理なら、自らの力で出してくれる版元を探すべきではなかったか。われわれは、関西からいらした天下の大先生に頭なんか下げられて大いに困惑した。ふだんから羨望していた版元だっただけに、百年の恋が醒める思いだった。

万世一系の百姓だった親父が、九二年生きて、先だって生き終えた。長兄六七歳、俺五〇、間に姉ちゃんと兄ちゃんが四人生きている。残した田畑一町歩足らず。抽斗《ひきだし》に年金の残りが少しあったという。長兄は相続税の額を聞いてたまげていた。目の前で百年続いた百姓が潰れていくのを見たように感じた。今となっては、東京暮らしのほうが長いけれど、私の精神はあの土地、あの風、あの水で育ったのだ。だが、今度田舎に行ったとき、あの田も畑も、農協が建てた他家のマンションになっているかも知れないと思うと、田舎の風景が美しく蘇った。（一九九三・七）

『風光る時に』

飲み友だちの東京大学出版会の渡辺勲さんから『風光る時に――田中浩氏追想、および遺稿』なる本をもらった。つくったのは歴史編集者懇談会。定価は記されていない。田中浩さんは中央大学出版部で長い間編集にたずさわり、去年一二月二日、病いによって五七歳の生涯を閉じた。そのスジでは豪放で知られた人。高尾の殿様と名づけた人もいるとか。大酒呑みではあったが、若い人を叩きながら育てたという人もいる。この本の執筆者は、みんな田中さんに形の差はあれ、お世話になったり、教えられたり、あるいは酒を飲まされたりした人ばかりのようだ。それぞれの文章に、にじみ出てくる尊敬と慕情が読む者を緊張させる。誰かが紹介していた田中さんの言葉。「編集者は、世界の動きにやや遅れながら、深くその意味を考えてみることが重要である」……こんな編集者の生の声を聞いてみたかった。久し振りに出会った心暖まる同業の本。

少し長目の出張から帰って来た。大学の研究室や図書館に顔を出し、秋までにできた本の案内だ。大体は断られる忍耐と体力の要る営業出張である。その成績の話をしようとは思わない。研究室を訪ねて、先生と話していて出てくること、「どこもかしこも断られてしまった、私の本を出してくれませんか」「どちらにお願いされましたか」「〇〇書房、××書店、それから……」

「編集会議にかけてからお返事いたします」こういう話が多くなった。数年前に較べると、やたらと多くなったと思う。専門書の出版が相当困難になっている結果だろう。多くは人縁で出来る専門書だが、出張先でいくつものお土産を背負いこんだら、帰る足どりは重い。損得の条件ではなく、諾否の基準をつくらねばならないか。

秋風が冷たく感じる頃になると、文部省その他の出版助成金の締切りが近づいてくる。この時期も出版希望者が大勢名乗り出てくる。文部省の助成は学術書であり、一般的には売れないであろうものに対してつけられる。出版社によほどの自信がなければ、おいそれと引き受けられるものではない。うまく助成申請が通ったとする。とたんに「助成金をとってやった」顔をするセンセイもいる。助成金は印刷費用の一部にはなるが、それだけでは食ってはいけない。その辺をご理解いただかないと、出版社の立つ瀬はない。

とは言いながら学術書を出して食っていくという基本線を変えるつもりはない。学問そのものが細分化され、同じ分野で暮らしている人が少なくなっている現在、出版物の発行部数はますます減少するだろう。学術書は、著者が貧乏では出版できない、と囁かれ始めているが、本当にそうなったら大変だ。シコシコと研究を重ねる学者の側《そば》で、君臨するのではなく、寄り添うような出版社になりたいと思う。そう思っただけで、気が休まる。

夏をはさんで三ヵ月も病院で暮らす羽目になった。左足裏の静脈瘤の手術と院内感染でだ。衆院選も北海道の地震も、隅田川の花火も、大雨台風も、県知事汚職も、みんなベッドの上で見聞した。病院の白天井のシミを見つめて、少年の日のことを思いだしてもいた。こうなるはずではなかったけれど、これでいいや、と思い返して退院した。社員総出で迎えてくれた。うれしかった。俺の居場所はまだあるな。

風邪で一日休んだだけなのに、会社をクビになったなんて新聞記事が出る始末である。わけはあるのだろうが、ひどい話だ。不況、減給と言いながらも、高級車は売れているという。いつもチグハグな日本。金は人生の目的を達成する手段の一つには違いない。だから沢山必要な人もいるだろうし、少しでいいという人もいていい。金自体を目標にすると他人からはつまらない奴に見える。そして金儲けのことを考えはじめると、孤独感が増すだけで、感動の胸キュンからは遠ざかる。上半期の売上実績表を眺めながら、言い訳っぽくそんなことを思った。微熱は下がった方がいいが、売上げが下がると身体には毒だ。

社員新井由紀子が赤ちゃんを産んだ。可愛いい女の子。少女だと思っていた子が、急に落ち着き母親の顔になった。新しい生命の誕生とそれを育てる親の役割。出来てくる本についてもそんな責任を持ちたい。

（一九九三・一二）

お前ら、もっとましな本をつくれ

前号の本欄を読んでくれた高名な大学教授から、キツイ手紙をいただいた。便箋四枚にビッシリ書かれている。「『神保町の窓から』を読んで、大変不愉快でした。お前たち、大学教師の本を、儲からないのに出してやっているのだと言わんばかりの書き方に思えたからです。これだけ大言壮語するなら、もっとましな本づくりをしてみろとも言いたくもなります」と始まり、続く文章で編集者を無能と決めつけてきた。もっとましな本はつくりたいが、心たいらに読めなかった。だが待てよ、前号を不愉快に感じた人はもっといるのではないか。愚痴が悪態に聞こえたら、その文章は最低だ。威張って書いたのではありませんが、不快になられた方々にお詫びいたします。気をつけます。ましな本のためにも精進します。

東京大学出版会の『UP』をみていて、失踪サラリーマンや芽の出ない漫画家志望の青年、同性愛者たちが棲み、床は傾き、風の日には、家全体が船にのっているような状態になる下宿屋。そんなのが、東京の高級住宅街の中に、今でも生き残っていることを知った。住人は、今は大阪外国語大学の先生になった橋場弦さん。橋場さんの専攻は古代ギリシャ史。同業の人はどれだけいるのか知らないが、数は少なそうだ。橋場さんは学部時代から大学教師の職がみつかるまでの一二年もの間その下宿にいた。橋場さんは「古代ギリシャ史という、虚学のなかでもおよそ何の役にも立たない研究を選んだ者に、世間が職など与えてくれるはずもない」と、半ば自棄《やけ》のヤンパチ気味の日々を送っていた。ボンヤリ待ってて何になる！　博士課程三年目の秋（在学期限切れに時間がない）に、とにかく論文を仕上げよう、と仕事にかかった。四〇〇字詰で八〇〇枚を期限ギリギリに仕上げた。半病人状態だったという。そのようにして『アテナイ公職者弾劾制度の研究』は提出されたのだった。「提出したときは……大きなものを仕上げたという充実感でさすがに幸せであった」そして「別の職に就いても構わないと考えていた」という。大学に職を得た。あの下宿で夢中で論文を書いていた日々を、今は次のようにいう。「自分の専門研究の意義に疑問を感じれば感じるほど、皮肉なことに、専門分化を嫌う古代ギリシャ人のおおらかなアマチュアリズムの生き方が、私には一層輝いて見えた。人間は本来……あらゆる方面に能力を発揮する可能性があるのだ……というのが……ポリス市民たちの暗黙の前提だった。そこに浮かびあがる彼らの明るい相貌こそが私に静かな慰めを与え続け」た、と。聞かなきゃ分からない専門書の裏話。

飲み屋で隣り合った下町の教育ママと話しているうちに、子どもの小学校卒業記念に何を贈ったらいいか迷っている、と相談された。小さな辞書か何かがいいと思って神保町まで探しにきたのだという。気持ちのいい相談だ。即座に『広辞苑』がいいと言った。ママは値段や大きさや重さを聞いて「こんな大きなものでいいのかしら？　ＰＴＡで相談してくるワ」とか言って帰っていった。半月後、名入れ広辞苑に決めたと電話がきた。六〇部の注文。妙な営業活動をしてしまったが、岩波書店の人は、小社の本をこんな具合に推薦してくれるだろうか。

（一九九四・三）

田舎のおふくろ

春の彼岸におふくろが長い眠りに入ってしまった。東京に来てからは、毎年正月には生まれ在所に帰った。バスから降りて、急ぎ足で玄関を開けると、そこにはおふくろの笑顔がいつもあった。三が日が明けて東京に戻る日には毎年同じことを言うのだった。「これが最後かもしんないよ。しっかりやるんだよ」こう言って家人の目を憚るようにして、二千円を鼻紙に包んでくれるのだ。葬式の日に、兄弟の間でこのことをバラしたら、「お前だけだ」と言われた。隣村の百姓家に生まれ、百姓に嫁してきた百姓一筋の気丈な女だった。夜遅く誰もいないのを確かめて「かあちゃん」と小さく呼んでみた。飼い猫が顔をあげただけだった。風よ静かに彼の岸へ　やさしき母を吹き送れ。

影書房の松本昌次さんに誘われて、ＲＫＢ毎日の上坪隆さんとご一緒した。上坪さんは大陸から引き揚げてきた人々の生活を綴った壮絶な本、『水子の譜――引揚孤児と犯された女たちの記録』を書いている人だ。たわいもない世間話をしているのだが、なぜか笑えない空気をもっている人。私は普通に恋をし並に振られ、ごく一般的に生きてきたのだが、それはまさに「戦後」という時代だった。私が笑えないのは、上坪さんの話に戦後の苦闘を感じるからなのだろうか。さまざまに生きたさまざまな戦後。来年は戦後五〇年。何か記念の企画を考えよう。

衝撃的にデビューした岩田書院の「出版だより」にこんなことが書いてある。「出版社の悩みは、増え続ける在庫をどうするかにある。どこか近くて安いところはないかと探している。名案はないが秘策がある。それは著者の自宅に、自分の著書を売れるまで預かってもらうこと。畳半畳、高さ二メートル、毎日自分の著書をながめ、家族の非難のまなざしに耐え続け」ていただくという方法を提案している。悩みは同じだな。でも、岩田書院のご主人はその秘策をまだ言い出せないでいるらしい。

（一九九四・六）

大橋図書館のこと

『大橋佐平翁伝』を読んだ。大橋図書館を知る人も少なくなった。紹介する。

大橋佐平は、長岡の生まれ。戦前の大出版社博文館の創立者である。大橋図書館は、この博文館の創業一五年を記念してつくられた。一九〇二（明治三五）年である。今はない。

大橋佐平は図書館をつくることを構想したが、開館の前年秋に没した。後を継いだのが長子大橋新太郎である。博文館の根本精神であった、出版事業の成功を社会還元するという公益図書館構想は佐平の考えるところであった。

新太郎は一九〇二年五月、一二万五千円を基金とし「財団法人大橋図書館」を設立した。館は関東大震災によって全壊し、その継続と発展のためには、大橋家の莫大な寄付行為がなければならなかった。図書館を発展させることは、新太郎一個人の意志ではなく、大橋家の基幹事業であったのである。だから、図書館事業一般にも深い理解を示し、博文館の創立記念日には、各大学図書館へ図書費を寄付したり、金沢文庫の復興には建築費も寄付したりしている。

大橋図書館を考えるとき、坪谷善四郎を忘れてはならない。坪谷は博文館の社員であり編集局長、取締役にもなった人。佐平には殊のほか可愛がられた節があり、臨終の際には手を握られ、「図書館をたのむ」といわれたという。

図書館は建物だけではない。図書が収納されていなければならない。その収集をしたのが坪谷であった。だから新太郎は金の面で、坪谷は中身で大橋図書館を育てたことになる。開館当時の蔵書は和書三万、洋書三千冊ほどだった。館長は軍医総監石黒忠悳《ただのり》、大橋家の顧問をしていた。坪谷は東京市議会議員でもあった。一九〇四年東京市立図書館設立を建議し、可決させている。その成果の筆頭が日比谷図書館である。図書館設立を強く感じたのは、大橋図書館の利用者の多いのを見てのことであり、大橋図書館が生きた教材になっている。

もう一つ特記すべきは、大正天皇即位礼による東京市への下賜金をどう使うかという議論の折、江戸に関する文献収集を提案したのが坪谷である。その資料は「東京誌料」と名づけられ都立中央図書館が所蔵している。

関東大震災は、大橋図書館に打撃を与えた。蔵書八万八千を焼失した。再開するまでの坪谷の収集努力は大変なものであった。古本市に坪谷の顔の見えない日はないと言われるほど熱心に通った。寄贈本を含めて約四万冊で再開した。一九二六（大正一五）年六月。一九四二（昭和一七）年には一八万一千冊になっている。

戦争が始まった。利用者は減って、建物は銀行や統制会社が占拠した。一九四四年新太郎が死んだ。坪谷も四九年、千葉稲毛で亡くなった。

戦後の大橋図書館は苦闘の連続であった。いろいろな会社が同居することになり、一八万冊の蔵書は行き場を失って館外へ分散保管されることになった。そんな折、博文館の館主が公職追放となり博文館は再起不能となった。

一九四九年、図書館の建物は日銀へ譲渡され、蔵書は館主大橋進一の屋敷に移された。そこは図書館ではない。一八万冊の本はとても置けなかった。その後、一八万冊の蔵書は西武鉄道が買い取り、東京芝公園にある三康図書館に架蔵された。

（一九九四・九）

本は売れなきゃダメだ?

バー「あくね」で、当時東京大学におられた林健久さんと出会わなかったらこの仕事ははじまらなかっただろう。「キミとは利害関係はない」なんて言われながらもう五年も取り組んできた、『経済安定本部・戦後経済政策資料』の刊行が始まった。四〇巻を越す資料集になる予定だ。もちろん敗戦直後の資料であり、ガリ版刷りで、さわればボロボロと崩れてくる。字は薄くなり判読も非常に困難な資料群である。経済企画庁図書館の隅で、久しく陽の目を見なかった紙の山を、林さんのご指導を受け、総合研究開発機構（ＮＩＲＡ）と小社とが整理し、生き返らせようと目論んだのだ。やや無謀の気味もあったかも知れないが、林さんを初め一一人の研究者は精力的に仕事をしてくれた。あと二年、体も会社も健康でありたい。

ある日、できあがった資料集の合評会ふう昼食会をもった。みなさん、本のできばえに対して好意的な発言をしてくれたので安心した。「あの仙花紙の原本がこんなふうに変身したか」「まずビールを飲もうや」こんな雰囲気だった。各大学からの予約もきているし、さい先もよさそうだ。

新入社員が二人入ってきた。久し振りの増員のためか社内の空気の流れが変わった。二人とも六〇年代後半の生まれ。「闘争」と「運動」にはあまり縁はなかったようだ。クラブ活動や友だちとのおしゃべりに明け暮れていた。それでいい。これからは働いて食っていくのだ。長期戦である。この長期戦に耐えられる知力と体力を持っていなければならない。われわれが生きた時代、父母が生きた時代、その先の人々が生きた時代、そういう見ず知らずの時代が、今のあなた方にどう投影されているのか。そういう問いかけと学習が大事だと思う。一人が言った「みなさまと共に未来を築いていけることを、とても光栄に思います」。この期待を裏切ってはいけない。

名のある出版社の営業マンが数名集まって酒をのんでいた。いかに売ったか、どんな作戦を展開したかという話が中心だった。その輪の中に知り合いが一人いて、手招きされた。あまり得手でない話題なので尻込みしたが、酒につられて近寄っていった。話を聞いているうちにわかったのは、みんな「オレが会社をささえているんだ」と言っているのだ。本の内容についての言及はゼロ。あげくの果てに「いかに読者を釣るか」となった。つまらん。ひたすら飲んだ。

翌朝目覚めて、やはり本は売れなきゃだめなんだ、と思い直した。出版は道楽ではない。稼業なのだ。藤脇邦夫の『出版幻想論』に幻冬舎の見城徹が次のような一文を寄せている。一万部の本を作って、返品四千八百部、この現実数字を「編集者」は確かめているか、と問題提起し、「これが自分の企画した本のたった一つの現実である。編集者が企画時にぶち上げる出版意図も、結果が出た後の言い訳なども、すべてはその現実の前で幻想である」。さらに続けて、「文化に貢献する、新境地を切り拓く、内容がいい、良書を世に問う……などなど編集者が好んで口にするセリフは枚挙にいとまはないが、所詮売れなければ読者にとって必要なかった商品なのである。そういう言葉は採算点をクリアしてから言えばいいのであって、そうでなければ、単なる戯れ言でしかない」。出版社は編集者だけの集団ではない。出版社＝編集者という等式を信じて疑わない奴もいるが、こういう指摘も正しいと思う。昨夜ののんべえ営業マンたちの言いぐさを甘く愛しく反芻する今朝であった。

井上光晴追悼文集『狼火はいまだあがらず』を見た。一六〇人以上の文章が収録されている。四六五頁。こんな大部の追悼文集は寡聞にして知らない。会葬御礼文「抑圧するすべてに抵抗しつづけました井上光晴は、その意志を残し伝えながら無限永劫の国へ向かって旅立ちました……」(影書房刊)。

(一九九四・九)

見舞いと思ってタダで送れや——阪神大震災起こる

阪神大震災の被災者の皆さまに、こころからお見舞い申し上げます。報道の是非はともかく、毎日映し出される被災地の状況は、とても他人ごとには思えません。書店・取次そして大学・図書館等々……出版社も多くの人々と関連して生きています。拙速でない復興を祈ります。

震災後間もなく、関西の書店から電話が入った。この店は電話が通じるくらいだから、被害は軽微だったことが推測できる。店主とおぼしき人「今、学生さんが店に来ている。卒論を仕上げるのに、あんたんとこの本が必要だと言ってる」こちらが取次の番線を聞きかけると「トラックも動けない状態だから、自宅に直接送ってやってくれ。見舞いと思ってタダで送ってやれや」。もちろんそうした。配達されたのだろう。ひと月もした頃葉書がきた。「このたびは×××をお送りいただき、ありがとうございました。卒業論文のメインの参考書でしたので、ご好意がなければ完成も困難でした。心から感謝申しあげます」何かいいことをしたような気持になったけれど、「送ってやれや」の書店名を聞き損なった。この頃の学生は卒論を書き始めるまで「メイン」の参考書を買わないことも分かった。

今度の地震で、地震に関する本が売れていると聞く。小社に関連本はない。活断層という言葉がだれの口からも聞こえてくる。東京大学出版会で刊行している活断層本は詳細な地図つき、大判でもちろん値段もン万円。全国の自治体が注目し、たちまち品切れ。増し刷り数千部。他の本なら問題ないのだろうが、ことがことだけに、手ばなしで喜べない。貧乏会社なら悲痛な思いで、資金繰りにまわしてしまうところだが、東大さんは偉い。増刷分の儲けすべてを被災地に贈るという。真似の出来ない話だ。

先だって入ってきた新入社員と勉強会をしている。前回のテーマは「三里塚闘争の現代的意義」と題する大仰なものだった。この議論の中でまとめられたことは、権力あるいは支配者が政策を実行しようとするとき、人民あるいは被支配者とのコンセンサスをもたなければ、政策は進められない、後々までこじれるということだった。会社でも同じだろう。

出版業界では再販制問題で議論が沸き立っている。いわゆる定価販売のことである。どこで買っても同じ値段ということがあるか、市場原理を適用しろというのが公正取引委員会の意見。そりゃ困る、というのが出版業界の大半。業界で飯を食っていて他人ごとのようなもの言いは不穏当だが、出版業界の反論が今ひとつ説得力に欠けているように思える。

① 出版物は精神活動の所産であり、研究の成果である。文化なのだ。全国平等に普及しなければならない。同一定価は当然だ。

② 書店は零細も多い。価格面での不当な競争防止にもなる。零細保護にもつながる。

③ 再販制をとっ払ったら、本は買い切りになってしまう。返品自由の委託制が多品種の本を読者の利便に供しているのだ。

反論の骨子はこんなところだろう。最も声高に聞こえるのが①の「文化問題」だ。書物はたしかに文化の所産だろうが、文化は本だけではない。本だけに文化を主張するのは、狭量ではないか。零細な出版社にいるとよく分かる。経営が成り立たなくなれば、文化など屁みたいなものだ。

公取が再販制くずしにこれほど力を入れるのは、別のところに狙いがあるのではないか。公取の論文をみると、必ず業界の寡占化を問題にしている。トーハン、日販の二大取次のシェアが六七%。この二つの取次の株主は出版大手でしめられている。取引条件も零細な出版、小売書店にはきびしい……等々。再販制がどうだこうだというから判りにくくなるが、公取の真意は二大取次の解体ないしは細分化にあるのではないか、とも思う。とにかく、零細は何が起ころうと、明日も本を作り食いつづけなければならない。

（一九九五・三）

逝く人、来る人

「オウム」の報道を見ていて思う。

どんなつまらない日常の連続でも、それは紛れもなく歴史の中の出来事である。つまらない日常を面白くする手だては、人それぞれが考えなければならない。その努力をせず、他者に求めるのはたやすい。自分よりとても頭のいい人、じぶんにはとてもかなわぬ強い人、そういう「英雄」が現れて、この何ともつまらぬ日常をぶちこわしてほしい。こんな願望は危ない。ファシズム願望といってもいいだろう。歴史を先取りすると言えば聞こえはいいが、自分の都合に合わせて歴史を引っ張り回してはいけない。恐怖や戦争を小道具にするのは最低だ。たいくつな毎日であっても、明日もまた「たいくつ」が約束されていた方が平穏なのではないか。

戦後五〇年の夏を迎える。出版界でも五〇年ものは沢山出てきた。小社でもいくつかの企画があり、秋までには上梓したいと思う。一つは、簾内敬司・松本昌次編『さまざまな戦後』全三巻。これは自分または他人を語る戦後精神史。森崎和江、松下竜一、関千枝子、富盛菊枝、もろさわようこ、伊藤ルイほか二四名（各巻八名）に執筆をお願いした。つづいて冨山一郎『戦場の記憶』。死と向かい合う戦場、そこでの営みは人間の何を形成するのか。さらに総評労働運動の政策ブレーンであった清水慎三の回顧録。液状化状態にある社会党および労働組合運動は、なぜこうなってしまったのか。清水は歴史に学べと、舌鋒は鋭い。

春から初夏にかけて幾人かが逝ってしまった。四月二九日、未來社の西谷能雄さんが還らぬ人となった。多くの人が雑誌や新聞に追悼文を書いた。「ある理想主義者の死」(毎日新聞)、「〝志の業〟貫く」(新文化・松田貞男)、「こころざし貫いた出版人」(朝日新聞・上丸洋一)、そして三〇年間出版のこころを叩き込まれた松本昌次は図書新聞に書く。「あかあかと一本の道――全身出版人西谷能雄を想う」と。私は気軽に口を利ける間柄にはなく、いつも誰かと一緒だったが、一度だけ単独会見したことがあった。社業が苦境にあったとき、「危ない会社は捨てろ」と忠告をうけたときだ。岩波ビルの地下でだった。あの励ましは忘れない。

もうひとり、明日香出版社の重役石野京子さん。社長の妻。川中美幸に似た愛嬌のあるご婦人だった。この夫妻とは創業以来のおつき合い。駆けだしたばかりの出版社は必ずといっていいほど貧乏している。両社ともおなじような境涯にいた。取次店は集品してくれず、各社で納品することになっていた。注文品が少ないので、風呂敷やリュックにつめての納品だった。各社のこの事態を見ていた石野さんは納品代行会社をつくったのだ。私はイの一番に申し込んだ。石野さんは以来社業を盛り上げ、今では数十名の社員を抱えている。京子さんは専務、疲れが少しずつたまっていたのだろうか。そのあまりの突然の死に、亭主はもとより周囲の者みな驚き、悲しんだ。四七歳は若すぎる。

短い人、長い人それぞれに生涯はあるけれど、人はその生涯で何ができるだろうか。また何をしなければならないだろうか。社会や地域に貢献するということがある。それらとのかかわりは、暮らしや生業であり、その基礎に会社に代表される組織がある。所詮、われわれが「貢献」などと考えてみても、この組織を通して出来ることのほうが多いのではないか。とすれば、出版を通しての貢献とは何だろうか。それが何かと回答できないにしても、この業に携わる者は、何ができるかという「問い」をもって生きつづけなければならない。死が突然襲ってくるまでに。

（一九九五・七）

押し込み入社

先ごろ、編集部に新人を採用しました。それが奥田のぞみです。出版社で働いた経験がありながら、北海道の大学院に通っていた娘です。

「買った本に挟んであった『評論』を読みました。本屋さんて大変なんですねえ。私も出版社に勤めていたことがあったので少しわかります。自分のところの本が最高だ、なんて思っている出版社は最低だと思います。せいぜい頑張ってください」「いい本は必ず需要があるものです。読者を馬鹿にしているような出版社は、長い目でみると、たいした仕事をしていなかった、ということになると思います。私もいずれ、いい本をつくろうと考えています」。これは二年前に送られてきた彼女の手紙。そのうち、「来年卒業したら、この会社の編集部にいきます」なんて物騒なことを言い出した。この辺でふんぎっておけばよかったのだが、「だったらこれから毎月レポートを送っておいで」なんて言ってしまったのだ。彼女は忠実に送ってきた。引っこみはつかなかった。作戦に負けて採用することにした。彼女の企画し作った「いい本」は、どんな本になるのだろうか。

「二万部売れる、という持ち込み話。もちろん断った」とは、西谷能雄さんの著者選別の名言である。いつか書いたことがある。私どもでもそういう話がきたら「もちろん断れる」だろうか、という反省と自戒を込めたつもりでの一文だった。ところが、この一文を記憶している人がいて、「キミのところでは、売れる本は出さないんだね」と言ってきた。そりゃあないだろうが、何かヘンだ。売れるか、売れないかという基準を冒頭にして話が始まるからだろう。それが大事なんだという人は多いかもしれないが、出版の決意というのは微妙なもので、決して科学的に決定されているとは思えない。原稿のもつ評価であり、著者との多面的な関係で決まるのではないか。「売れなかった」のは結果であり、その結果をどう受けとめるか。編集者を叱りとばすか、営業を罵倒するか、そんなところで問題を解決できるはずがない。売れる本を作りたいと思っていることは、嘘ではないのだけれど。

（一九九五・七）

孤独でなければ生きられない

明治時代以来だという暑い夏が終わった。戦後五〇年にあたり、新聞紙面はにぎわい、書店の店頭には「戦後」の本がたくさん並んだ。飲み屋での談義にも、当然この「五〇年」は話題になった。口角泡をとばしているのは、ほとんどが五〇歳に手のとどかぬ戦争を知らない青年たち。過去、あるいはこの国の失敗を知ろうとしている姿勢には、話にとんちんかんな所はあるにしても、好感がもてる。そんなある晩、「そんな昔のことは、オレには関係ない」とうそぶく一九五三年生まれの男（大学助教授）に出会った。「関係ない」という言い種《ぐさ》にムッときて、からみついた。多くの犠牲とひき換えに手にしたこの「戦後」について考えたり、おしゃべりすることがどうして関係ないことなのか。われわれは鉄砲を打ったり、略奪はしなかったけれど、それをしたのは、われわれの親父や兄貴や故郷の村人だったのだ。そういう時代を判ろうとすることが、無意味であるはずがない。今生きている者は過去から逃げることはできないし、だからこそ、知らなければならないのだ。

何十年ぶりになるだろう。小学校時代の同窓会が上州・伊香保であり、行ってきた。初めは誰が誰だか分からなかったが、幼時の呼び名が飛び交ううちに、少しずつ思いだしてきた。深更、不参加者のことが話題になった。あちらに土着している友人たちはこのテの情報は実に詳しい。奴は呉服屋で一儲けしようとしたが失敗したとか、田畑をみんな売ってしまい一時長者番付に載ったことがあるが、今は行方がしれない等々、私の情報も結構正確に摑んでいた。じっと聞いているうちに、妙なことに気づいた。身の丈に合わない生き方をして道をはずした、と言い、俺たちは、正しく生きてきたのでこうして同窓会に来られるのだと確かめているのだ。ヤドカリも必要以上に、でかい巻き貝を探しはしない。身の丈に合った貧乏、これがいい。

「孤独でなければ生きられない」とは庄幸司郎さんの言葉だ。庄さんは孤で独りでしっかり生きようという基本姿勢がなければ、他人の悲しみや弱さは理解できないという。いたわりとか、共苦とか何々にやさしいという言葉はひんぱんに使われている。使われてはいるが、利益優先、売上至上主義の教育現場（学校や会社）からは本当の「やさしさ」なんか生まれてくるはずはない。身障者や老人の立っている電車のなかで、大股でふんぞり返っている子が多いのは、何も日教組のせいではない。教育は方法ではなく、俺たちは何を引き継がせるか、という問題意識にかかっている。

（一九九五・一〇）

戦後五〇年が終わる

今年もあと少しで終わりだ。阪神大震災で正月気分がふっとび、サリン事件で背筋を冷やし、信用組合の破綻や救済さわぎなどでむかっ腹をたて、野球で野茂クンが活躍し少し落ち着き、先だっては優勝したヤクルトを腹一杯飲んだ。また、今年は戦後五〇年にあたり、内外で各種のイベントが組まれた。出版界においてもそうだったし、小社においても、『さまざまな戦後』全三巻がそれだ。ひとびとはどのような思いで、この戦後を生きてきたのか、どのように越えてきたのか、あるいは、未だに行方定まらず、佇《たたず》み続けているのか……。人選してくださった松本さん、簾内さん、ありがとうございました。

五〇年の総括とか、五〇年のツケが回ってきたとか、多くの人が指摘した。考えさせられる発言や出版物もあったけれど、何かカラ騒ぎだったようにも思えた。われわれはよく口にする。先々のことよりも当面の課題を片付けよう、と。来年の一〇〇万円よりも今日の一〇万円、考えている暇があったら注文とってこい、こんな思考が日常の中におびただしく瀰漫《びまん》している。状況に急き立てられ、追いまくられ、片付けているのは「当面の課題」というヤツ。忙がしいふりをしているだけだ。不正や悪がはびこる背景には、この「当面」に恫喝された無思考の積み重ねがあるのではないか。五〇年という日々は短くはない。だが、五〇年目に考えるのでは、遅かったのではないか。そんな反省を道連れに五〇年目が終わって行く。

（一九九五・一二）

万年ヒラでどこが悪いか――【一九九六年〜二〇〇〇年】

講師に呼ばれる

どういう風の吹き回しか、橋本健午さんが講師を勤める出版学校から講演の依頼がきた。「出版界はきみ達を待っている」と題して話せという。私は出版界を代表していないので断りにかかった。すると今度は「なぜ出版界にい続けるのか」を話せという。なぜ生きているのかと問われたと同じように、そのテーマもむずかしい。結局、思案の果てに、出版社で起こったり、起こるであろう事件についての対処の仕方について話すことにした。わが社はぼちぼち二五年を数えようとしている。その間に起こった諸事件は数え切れないほどある。著者とのトラブル、取次への抵抗、業者とのいざこざ、銀行との攻防……。全てこちらが正当ではないのだが、事の起こりは大体、相手の理不尽からだ。そのことごとに正面から対峙してきたこと、相手の目を見て対決したこと、などを話してみた。話しているうちに、これは出版社を希望している人に聞かせる話ではないことに気づいた。私は指名されるべきではなかった。それでもギャラが出たので、数人の受講生と渋谷の街に繰り出し、全部飲んでしまった。

税金、返済、手形決済と、暮れに物入りが重なって、いささか息切れがした。この資金繰りという闘いは零細出版でいる限り、永久に続くかに思える。ただ負けてはならぬこの闘いがなくなったら、日常は相当ユルフンドシになるに違いない。貧しいということは、金がないということではない、と思うのだが、不安、恐怖、猜疑その先を歩いている失望のようなものが、身をすり寄せてくるとやはりくたびれる。そんな時飲みにやってくる先輩がいる。「信念を持て」とか、「絶望がなければ希望は生まれない」とか、意味不明のことを叫びあっているうちに、不思議と気が晴れてくる。やさしい慰めや励ましの言葉よりも、自分と一緒に悲しがってくれることの方が、はるかに苦痛を和らげてくれることがある。

正月明け、加盟する出版梓会の新年会に出た。その席では「梓会出版文化賞」の授賞式があった。受賞したのは青木書店と学陽書房。この賞は出版した単行本を表彰するのではなく、出版活動に対して与えられるものだ。青木書店は、戦後五〇年に重ねて出版された太平洋戦争関連の学術書群に対してであった。確かに五〇年ものは沢山出たけれど、軍隊教育史や文学報国会といった、ある執念をもってとりかからねばならない本を、次々に刊行した決断には、同業として頭の下がる思いだった。初代青木春雄さんの息子・青木理人社長の受賞の弁。「私が社長になったら、新機軸をうち出して、新しい青木書店をつくりあげようと思ったが、うまくいかなかった。青木の伝統と信念を持ち続けている古い編集者たちの智恵と力が、今日の栄誉を獲得した……」。一緒に来場していた同社の古参編集者が「去年はいつになく、返品の多い年だった気がする」とボソリ。そうかも知れないが、この夜の受賞はそれを帳消しにするだろう。

（一九九六・二）

索引と資料集が完結

一九八一年から刊行を開始し、八七年に刊行が終わった田口卯吉主幹『東京経済雑誌』（全一六八巻）の「索引」をつくることになったのは、八八年の一月だった。日大の岡田和喜さんと杉原四郎さんの着想であった。とにかく雑誌そのものが大部だから、索引なしでは使えないことは自明であった。その『記事総索引』が四分冊で出来あがった。丸八年を費やしたことになる。日大の大日方《おびなた》祥子さん、一橋大の金沢幾子さんをはじめ、二十数名のライブラリアンの方々、本当にありがとうございました。

二月の末、製本所から「今日できる」という電話が入る。待っていれば間もなく持ってきてくれるのだが、それが待てず製本所に走る。その前に杉原さんに電話をいれる。「ご苦労」とか言われたのだろうが、一一万項目の記事採録、分類、校正とこの八年間、無償労働を惜しまなかったライブラリアンの献身的協力を思い、胸が締め付けられ、洟水《はなみず》もでてきて話が出来なくなった。急いで受話器をおいた。製本所の仕上げ台の上に四分冊は積み上げられていた。総頁四六八八頁、一一・五kg、三貫目のオール手づくりの大作である。もちろん、わが社編集部員の努力のあったことも特記します。

もう一つの完結。林健久さんを編集代表とする戦後経済政策資料研究会の編集による『経済安定本部・戦後経済政策資料』（全四一巻）の刊行も三月で終えた。ことの起こりは一九九〇年の秋、林さんの研究室を訪ね、経済企画庁に眠るこの資料の存在を知った。二五万枚におよぶ資料の山。金もかかりそうだし、どこから手をつければいいのか、思案に暮れた。毎日新聞の本間義人さんの仲立ちで、総合研究開発機構（ＮＩＲＡ）の下河辺淳理事長に会うことになった。下河辺さんはたいそうな研究補助金をつけて、このプロジェクトを出発させてくれた。

それからも大変だった。二五万枚の資料を全部複写し、一一人の編集委員に配分。資料のランクづけを開始した。壊れかかった仙花紙にガリ版刷り、文字は読み取りにくく、これも分量との闘いであった。これも六年の歳月を費消した。原価計算もした。八千四百万円の制作費、完売したとして一億一千万円。出版とは何と効率の悪い仕事なのだろうか。原価率が八割近くになっている。だが、資料の質においても、編集委員の熱意においても、われらこれほど求心的に作動したことがあっただろうか、と思う。

（一九九六・四）

布川《ぬのかわ》さんからの手紙

ときどき他人の芝生がまっ青に見える。どうしてオレんちの本はこうも売れないのだろうって思っている時だ。あのときもそう思っていたに違いない。経済書ではない本を欲しがっていた。「貴殿の出版に関わった人生と、そこで生起したさまざまなことを、リアルタイムで執筆願えないでしょうか」。私は一面識もないその人に、無謀な手紙を書いた。どのくらい待ったか、あまり待たなかったような気もするが、返事がきた。見たこともない和紙の便箋に丁寧な万年筆の文字であった。

「……それから、私の自伝的なもののこと、思いがけないお心遣いに恐縮いたします。実はこういうお話は四つの出版社からあって、三年ほど前、原稿ができたら、日本エディタースクール出版部で出すという約束になっています。せっかくの御期待に添えず、まことに相すみませんが、御諒恕下さいますようお願い申し上げます。……」

私は若造であった。歳はほぼ倍に近い人からの、丁重なお断りの手紙であった。消印を見ると一九八八年と読める。宛名は「様」ではなく、「様」だった。この人の名は、今年一月、惜しまれて逝った布川角左衛門さんである。岩波書店の編集長から、栗田書店、筑摩書房の代表になる傍ら、出版界のさまざまな重責を全うされた人、私の無謀な願いはきいてもらえなかったが、この瞬きの如き一瞬の交わりの中に布川さんを思う。

（一九九六・四）

手で書くことから出直す

東京大学出版会の「知の三部作」が売れていると聞く。それだけでなく「超」勉強法的な本も売れているようだ。いままでだって、『××の基礎知識』みたいなものは結構多くの読者を獲得していた。その種のものはずっとロングセラーであった。それが今、あらためて見直され、読まれようとしているのはなぜだろうか。

われわれは、何かを失いつづけてきた。そして、その失ったものが何であるかをつきとめるのを怠ってきたが、それが何であったかを探しはじめた時代のようにも思える。出版を業とするわれわれにとって、この時代の要請を抱き留めることが出来るか否か、課題は小さくない。

新聞もラジオもテレビも雑誌も、休むことなくしゃべり続けている。それにインターネットの電子音を加えると、世の中、饒舌に過ぎる情報に満たされている。他人ごとではない。われわれはテーマの如何を問わず、その情報の流し手の側にいるのだ。出版とは何か、とあらためて考えざるを得ない。

手によって「文字」を書くこと、これが鍵語《キーワード》だ。ことばする動物、文字する生きものとしての人間が、筆記・書字することを放棄したらどうなるか。書くことは文字によって伝えられた歴史的重みと世界を知ること、則ち学問することに連なる。白紙に初めの一画を打つときの、あのただならぬ瞬間を思えばいい。それは闘いと表現してもいいくらいな瞬間だ。この行為を抜きに失ったものは探せない。京都大学学術出版会から出版された石川九楊さんの『中国書史』をみながらそんなことを思うのだ。

（一九九六・六）

憲法を見る

三月末、岐阜県徳山村の写真おばあさん、増山たづ子写真展を見てきた。新宿高野ビルの会場は、年寄りはもちろんいたけれど、若い人が結構いた。ダムに沈む自分の村を、戦後、ピッカリコニカで撮り続けた七七歳。会場の真ん中に座って客に応対していた。私は一時間ほどかけて、すべての写真と解説を見た。私の生まれ在所は、今も群馬にある。徳山村はもうない。ないが故に、村人たちは連帯を生んだのだろうか。人々の笑顔が、事態の深刻さに反比例して、とても明るい。畑をつぶしてマンションを建て、家賃収入で暮らしを立てている元お百姓さんに見せたいくらいだ。帰り際、署名簿に「ありがとう」と書いてきた。

五月三日、卓袱台《ちゃぶだい》の上に六法全書を持ち出し、憲法や日米安保条約を読んでみた。一九五六年憲法公布。五七年五月三日施行。これも五〇年の歴史を経た。「国政は国民の信託によるものであり、その権威は国民に由来し、その権力は国民の代表者が行使し、その福利は国民が享受する。これは人類普遍の原理である」と宣言している。天皇の位置づけや軍隊の保有に絡んで、何度か改憲の議論があったが、前文は勿論、どの一条も替えられることはなかった。「第九条　戦争の放棄」の前に一条から八条は天皇に関する条文。九条の座り心地が悪そうだ。

憲法は連合国（アメリカ）から押しつけられたものか否かはさておき、この五〇年、われわれ国民は憲法を守ってきた。あるいは憲法が守ってくれたというべきか。ヴァイツゼッカーは、ドイツ基本法（憲法）を、闘う民主制の骨格をなすものだという。そして彼は演説の中で、「愛国心は仲間の人間への愛情だが、ナショナリズムは他の人間への憎悪であり、これがヨーロッパの戦争の主因となった」と憲法の精神の重要性を指摘している。われわれは、並の人民だけれど、教育の高さや食い物があること、毎晩、晩酌もやれる。これは「日本国憲法」の恵沢《けいたく》であるかも知れない。

たしかに、豊かな暮らしにはなったが、金融機関や役所において常軌を逸した事件がたくさん起こっている。どの企業、どの団体においても法律や経済学を学んだ人は多いに違いない。経済学は効率性を学ぶ学問なのか。そうかも知れないけれど、人間の尊厳とか、もっと言えば愛だとか幸せだとかに帰結する、道徳的な学問が経済学ではなかったのか。経済学は科学であっても限りなく文学に近い学問のはずだ。わが社の出す本に哲学はあるだろうか。（一九九六・六）

過ぎた二五年とこれからの二五年

二五回目の決算をした。ぜいぜい咳き込んでる日々だから、思えば遠くへ来たもんだ、という感もなくはない。これから続く二五年はどう歴史化されるのだろうか。多少の不安も伴いながらの新たな決心を迫られている。

出版社を始める者は、その初期においては多くの応援者と己の決意と期待があって、それはそれは大真面目である。創立の祝いなんかでは、大学の先生や物書きが集まってくれて、パーティー会場の焼鳥屋やスナックはすぐいっぱいになってしまう。参会者は「せいぜいがんばれや」とか言い放って、豪快に酔うのだ。創立した当人はこの雰囲気に取り残されている場合が多い。「やって行けんのかなあ」と一瞬思うのもこの時だ。だめでもともと、みたいな不遜な心が湧くのもこの時である。学術出版はこの資本主義社会では危険であり、産業発展から見たら限りなく甲斐性もないことをうすうす感じているからだろう。

いくつかの経験がある。創立時に出資してくれた大学教授が、決算が終わるたびに「よかった、よかった、よく潰れなかったな」と言うのだ。これは祝福なのだろうか。配当は期待してないよ、と言っているようにも思えるが、先生の出資金がパーにならなかったことはめでたい。でも、津波のように押し寄せてきた返品と闘い、息切らせて会社というヤツを続けて来たことが、本当の意味で「よかった、よかった」なのだろうか。よくない、とは言わないが、問題はある。

会社の要諦。出資者（株主）に配当金を払うこと、業者に仕事代をはらうこと、国や自治体に税金を払うこと、労働者に労賃を払うこと……とにかく払うことの貫徹である。ここには女房や子どもとゆっくり晩飯を食いたいとか、彼女とデートしたいとかいう、安心や休息につながる一切の尺度が欠落している。それでもお前、出版を続けるのか、そんな自問自答が始まるのが創立三年目頃。経済的安定は少しも近寄って来ない。ここに踏みとどまるか、去るか。貧乏と決別出来ない者だけが出版を続けることになる。

未來社の『ある軌跡』をみると、この辺のことが身につまされる。もちろん、西谷社長は「行こか戻ろか」なんて思っていなかったらしいけれど。営業が優秀か傲慢だったら、「こんなもの出していて食っていけるのか。もっとマシなものをつくれ」と編集者にハッパをかける。編集者は縮こまって手のひらに「の」の字を書く。西谷さんは言う。「出版は、経済的な危機だけでは決して潰れない。出版の意義を共有して本を出し続ける限り、読者は応援してくれる。連帯を乱す者が会社をつぶすのだ」と。

奇妙な論調になったが、貧しさとともにあった二五年をバネに明日から始まる二五年に向かって頑張るしかない。

六〇年安保のさ中に開店したバー「あくね」が閉店した。よく通った。出版クラブでさよならパーティーがあり、元常連が一〇〇人近く集まった。みんな年寄り。あいさつに立った大学教授は、二人も三人も涙声になり、会場をシンとさせた。よっぽど世話になったんだろう。たった一人の老婆阿久根テル子さんを養い切れない東京という薄情都市。老いて一文無しで故郷に帰る戦後史そのままの女。故郷鹿児島《かごんま》が温かく迎えてくれることを祈っています。（一九九六・八）

一誠堂と巌松堂

神田神保町の町並みも、変わらないようでいても少しずつ変わっている。閉店した稲垣書店のあとが回転寿司になったり、あのビルの六階にあった出版社の看板が変わったりと。また、一日中音楽を流しているキンキラの店が書店の棟を分断しているところもある。

変わっていないところもある。神保町一丁目一番地の三省堂、書泉グランデ、岩波ブックセンター、それをつなぐ古書店の数々。巌南堂は表通りからいなくなったが、一誠堂の頑丈そうなビルはドシッと居座っている。その一誠堂の前を通るたびに思うことがある。脇村義太郎の『回想九十年』（岩波書店）を読んで知ったことだ。かつて、神保町には神田を代表する二つの書店《ほんや》があった。それは巌松堂と一誠堂。巌松堂には立派な番頭さんが沢山いた。いたけれど誰一人後継者にはならなかった。「巌」や「松」の字をつけた書店として後継の証しにはしたけれど、なぜか本家は引き継がなかった。一方、一誠堂は、長岡から若い郎党をつれてきて、厳しく仕立てあげた。独立後も面倒をみて、同じ通りで商売をやらせた。なるほど、一誠堂は風格ある古書店として今もあり続ける。古典籍を専門に扱った弘文荘の反町《そりまち》茂雄さんも一誠堂の出だ。巌松堂はない。巌松堂の跡地は岩波ホールの真向かいで、三菱銀行に化けている。

出版社でも、企業化できない零細に、後継者はできるだろうか。世襲しているところもなくはないが、真の意味で、初代やその仲間が出発させた、情熱や野望を受け継ぐことが出来るだろうか。出版は一代限りだ、と言ってみる。なんだか寂しい。

（一九九六・八）

渥美清・丸山眞男・清水慎三の死

寅さんこと渥美清が死んだ。初秋の一夜、『男はつらいよ』のいくつかの場面を回想した。故郷を飛び出してはみたものの、葛飾柴又は忘れきれず、やくざな世界に生きても徹しきれず、さりとて家庭も持てず、たまに帰った血縁のいる「おいちゃんち」でも居心地が悪く……寅は住所不定の流れ者＝現代の流民であった。われわれは笑いながら映画を観た。そして館《こや》を出るたびに目尻にたまった涙をぬぐった。寅は他人ではなかった。「一歩間違っていたら」「あの時あの人に出会わなかったら」われわれは寅さんになっていたかも知れない。そうならなかった自分の幸運。

その幸運の根源をつきとめるのは怖い。「こんなのが幸せなのか」なんて考えてはいけない。アハハと笑うしかない。われわれは寅の幸《さち》うすい人生を愉しんでいる。それも全員一致で。証拠を出そう。寅は旅先で恋をする。その恋に始末をつけられるほど器用ではない。柴又に帰って女を思う。おいちゃんちにいる寅は緊張感の抜けたただのグータラ男だ。旅先の恋を抱いたまま、耐えられる玉ではない。ボーッとした日々。そこに女が訪ねてくる。女は「寅さんの親切は忘れません」とは言うが「所帯を持って」とは言わない。ここで話は終わりだ。寅の失意に誰も連帯しない。むしろ分不相応な恋をするからだと叱責する。寅はあの調子で言うだろう。「他人の不幸がそんなにたのしいかい」と。

敗戦記念日に合わせたかのように八月一五日、丸山眞男が死んだ。大ニュースになった。「政治とは何かを根本的に問う」「戦後政治の閉塞突く」「戦後を代表する知識人の死」、新聞は最大の見出しでその死を悼んだ。今まで一度も口にしたことのなかったその人の名を、私の妻まで口にした。丸山を話題にしない者は知識人の仲間はずれにされそうだった。そんな風潮の中で、西部邁が「自由の根拠に眼をつむった人」「西欧の正統から眼をそらした人」という論評の中で「丸山は、自身の洞察にたいして不誠実な思想家であった」と書いた。議論はあるが、岩波から『丸山眞男集』全一六巻が、タイミングよく出ている。たくさんのインテリ志向群に迎えられるだろう。

昨秋刊行した『戦後革新の半日陰』の著者、労働界の知的指導者であった清水慎三さんが一〇月一八日、八三歳を超したところで生き終えた。一〇月二〇日の参院選挙の翌日、浦和のはずれの街道で葬儀が執行された。葬儀委員長は日本女子大の高木郁朗さん、進行役は連合の龍井葉二さん。弔辞は三人の長老が読んだ。山本進、岩井章、田口富久治、斯界の苦労人たちだ。元総評事務局長岩井さんのことば。「自らを半日陰の男と言うが、日向の活動も精力的だった。職場闘争論は総評運動の基礎を固め、三池闘争では現地で独自の理論にもとづく指導をした……」。未亡人が各氏の文言に小さくうなづき返すのが印象的だった。残された一人息子は「あの本のお蔭で半日陰の人生が、たぶん強い陽射しを受け、とたんにしぼんだのかも知れません」と親書を送ってきた。社会党・総評に強い影響を与えた人であったが、それらはもうない。選挙の結果を知らずに逝ったのも「そんなの知りたくない」という最後の意思表示にも思える。歴史は前進しているのか、それとも捩《よじ》れているのか。五五年体制の崩壊以後、われわれは敵を見失い、それ故に己をも見失っている。自分とは何なんだ、という根源的設問なしに現在の政治経済的彷徨からは抜け出す道はないのではないか。

神楽坂の料亭で、形成社印刷の社長の長寿を祝う会があった。そこに参会する予定だった木下順二さんが、丸山の死のために多忙になり、来られなくなった。値の張る料亭だ。空席にするのはもったいない。幹事の松本昌次さんが私を指名し、その空席を埋めることになった。会は歌詠みだの長老だのがいて、知的にして静かな会だった。知的は苦手だが、真ん前に座っていた舞踏家女性とウマが会った。踊りは腕の、指の、首のひと振りに命を賭けるという。それは一瞬にして消えるものだけれど、「ひと振りの連続としての総体」が文学にまで高められなければ一人前じゃないとも言う。ひと振りの速さと強さそして角度という表現を聞くに及んで、見たこともないその踊り手のファンになってしまった。手島かつこ。間もなく俳優座で『ルーツへの旅一九九六』を開演するという。

（一九九六・一〇）

去年と今年

一九九六年はどういう年だったか考えてみる。積極的に取り組んだこともあったが、あちらから攻めてきた問題もあった。一年とは結構いろいろなことがある。それらは禍根というほど大きな汚点はつけられなかったが、まかり間違えばということもなかったわけではない。新刊で作り直しをしなければならなかったし、誤字誤植にはこまめにつき合わされた。少部数とはいえ、本は同時に印刷するため、出来てからのミス発見はつらい。出版をつづける限り、大小を問わぬ「誤り」との闘いである。

業界の集まりに出たり、よその編集者と飲むことも何度かあった。みんな研究書・専門書を作っているところだ。話題になる初版の部数は、小社とはケタが違うのに驚いた。そして増刷の回数も違う。売れてるってことだ。「いまいちだね」なんて言いながらも、彼の目は笑っている。そんな話に黙りこくっているのは、みんな小出版の連中。ふと気がついて、隣を見ると、うちよりもっと売れていなそうな編集者がいた。そういう人に気づくと、私はやさしい気持になる。

今年は丑年。「うし」の語呂から連想するのものは切ないものが多い。牛馬、牛後、牛のように寝る、牛になっちゃうヨという言い方もある。黙々と働く意味では尊敬のまなざしがあるが、その中にノロマとかバカの含意もありそうだ。牛耳るはどうだ。支配する意味だと思って字引を引いてみた。牛耳を執る＝同盟の首領になること、牛を食うの気＝牛を飲み込むほどの大きな気性、牛に対して琴を弾ず＝愚人に向かって道理を説く、益もない……やっぱりそうだ。幼時、牛の世話をするのが役目だった。博労《ばくろう》に引き取られて行く日、大きな目玉に涙をいっぱいためていたのを思い出す。牛飲馬食を慎み、せめて己が心の中に牛耳を執る野望を懐胎したいものだ。

夏に、M企画印刷の前沢奈津子さんに「いい子よ」と薦められて、木野村照美を採用した。なるほど奈津ちゃんの言うとおり、九州の炭鉱に生まれたが、苦労なしに育ったいい子そうに見えた。あれこれ聞かずに採用した。その彼女が、ある日の午後、半日休暇をくれと言ってきた。理由を尋ねると、元（という言い方があるのだろうか）従軍慰安婦（在日韓国人・宋神道さん）の裁判を応援しているのだという。その裁判があって傍聴にいくのだ、だから半日休ませろというのだ。ガス屋がくるだとか、子どもの父母会があるだとかを予想していたので、その理由は意外だった。勿論、休暇は承知した。

（一九九七・二）

『評論』が一〇〇号になった

小誌『評論』が一〇〇号を数えました。『評論』誌の創刊は一九七六（昭和五一）年の暮れのことでした。創業して数年を経た頃です。A5判のペラペラの時代から、それを数十頁にまでしたこともありましたが、なにしろ、無料の出版物ですから、経営がぐらついていては出せません。五五号から現在の新書判にしました。一〇〇号続いたという思いと、二〇年かかってまだ一〇〇号か、という思いが混在しています。

一〇〇号になったので、その区切りに、親しくして頂いたり、お世話になっている方々にお願いし記念号としたのが今号です。ご多忙の中ご寄稿くださった一三人の方、ありがとうございました。

『評論』一〇〇号の年月は、日本経済評論社の二七年のうち二〇年に相当する。どの出版社でも、どの会社でも、二〇年という日々の中には相応の出来事が詰まっているはずだ。小社においても、いろいろのことがあった。風邪を引いたこともあったし、微熱の続く何日かもあった。かかりつけの友人は親切ではあるが、金の融通は利かない。経営は具体的だ。明日よりも今日が大事なことの方が多い。「いい本を出そう」なんて言えるのは、食えている時だ。「いい本はかならずいつかは売れる」なんて吠えてるのは、酔ってる時にきまっていた。手形の決済は待ってくれても半日、この限界点を超えた半日のうちに何ができるか。

出版の裏側には、綱渡りというにはあまりにも切ない格闘の現場がある。その闘志を支えるものは何か、支えたと思わせる力は何か。それはいくつもあった。やはり遠くの親戚より近くの同志、制作現場で、販売の世界で、編集の最前線で、まさに同志とよぶに相応しい、さまざまな人々がいた。具体的な関係をもつ、これらの同志の存在なしに『評論』の一〇〇号も、日本経済評論社の二七年もなかったろう。だから、今あらためて確認する。われわれの拙い努力と、それを支援・指導してくれたたくさんの人々の力が今日に結実していることを忘れない。

少し旧い話になる。「このシリーズを完結させる力がキミ達にあるか」、危機に際し心を痛めてくれたのは『講座 日本の社会と農業』（全八巻）刊行の音頭取りをしていた、千葉大学の磯辺俊彦さんだった。五〇人を越す執筆陣を擁する、このシリーズは危険な決断の上に進行した。一九八一年、磯辺さんはわれわれに賭けた。賭けられた者にはそれに応える義務がある。恐かった。それは未知の不安に対してと言うより、この非力なわれわれに賭けてくれたことへのふるえであった。精密な計算と計画をもたずに動きだしたわれわれであったが、二年を費やし完結した。腰の抜けるような安堵感があった。シリーズは売れた。

ひとつのプランに踏ん切りのつかない時がある。そんなとき、杉原四郎さんや杉山忠平さんのところへ相談に行った。「こんなことがやりたい」というと「結構な企画ですね。売れることは保証できませんが」とくる。これでよかった。プランの正当性と販売の難儀が保証されたのだから。「売れるぞ、品は悪いが」と言われるよりマシだ。柴田敬さんの追悼文集の出来上がった日、上京してきた杉原さんは倒れたが、ご自身の懸命なリハビリで研究者魂を取り戻した。それ以後、小社においても『東京経済雑誌記事総索引』監修をはじめ、何点かの新著も上梓した。長寿を祈っています。

田中惣五郎全集を出したいと思い、松尾章一さんを歴教協の事務所に訪ねた。その他の人々にも聞き回ったが誰も賛成はしてくれなかった。一年ほどして『大阪事件関係資料集』をだしたいと言って、今度は松尾さんがやってきた。以後、深くおつきあいすることになる。お宅に招ばれて、夫人の手料理をごちそうになるのも楽しみだけれど、酔ってしゃべりまくる松尾さんの話を、ちょっとした努力で遮《さえぎ》るのも、愉快な時間である。松尾さんは秋までに『服部之總伝』を書き上げると宣言した。

われわれの出版にかかわる日々は、著者との交わりの日々であり、その時々において、ほんの小さな出来事のように見えていても、年月を経るにつれて、そのことの重みや厚みがわかってくる。今、幾人かの方を紹介したのはその傍証のためである。過去を突き詰めれば物議をかもす。未来を語り過ぎれば嘲《わら》われる。だが、出版を業とし続ける限り、過去という歴史の中からあれこれの真実を発見し、反省しつづけなければなるまい。おぼつかない未来ではあるが、引き続きご指導、ご支援いただきたい。

（一九九七・四）

ささやかな注文（原田勝正・寄稿）

『評論』が一〇〇号を迎えるという。「よく一〇〇号まで来たな」という感慨がある。そのような感慨は、いわゆる大出版社が出している同種の出版物に対しては、おそらく感ずることはないと思う。いま「同種の出版物」と書いたのは、それらの出版物をどのように呼んだらいいかわからないことによる。出版社が自社の出版物のPRを目的として刊行するものであれば、PR誌と呼ぶべきであろうが、そしてたしかに大体巻末に当該関係月の出版情報が盛りこまれ、また本文には刊行出版物にかかわる記事が並んでいる。然し、全体として見れば、絶対に倒れることのない安定した基盤の上に立って、しかも中には売上部数を誇示する姿勢がちらつく内容のものが多い。言いかえれば、体制化したPR誌というべきか。

最近古書店の雑誌の山の中から、岩波の『図書』の戦前最終号を発見して買って帰り、読みふけった。それは、あの戦中状況のもとで出版当事者や著者がとった緊張の姿勢が鋭く伝わってくるからであった。禁圧という谷、日本の進路が目ざしている谷の、いくつもの谷の崖ふちに立って、進むべき道を模索する関係者の姿勢は、半世紀以上を経た今でも、つよく心を打つものがある。そのことに心を惹かれて、一気に全部を読み通し、この最終号が出たあとの関係者や読者の心境を思いやった。

そのころとくらべれば、現在の出版環境は大きく変わった。一九六〇年代の終わり頃まで、「どんなにがんばったって、どうせ企業全体から見れば、中小企業ですからね」と慨嘆した大出版社の出版当事者のことばは、そのときには聞いているわれわれに、ある気概を感じとらせるものがあった。しかし、それは、より巨大な方向への気構えを内に秘めたことばだったのかと、いま思い返すと、思い当たるような状況が展開されている。しかも、われわれが呼ぶ「いい本」ほど、書店の棚に並ばず、はやばやと入手困難となっていく。資本規模は「中小」のままで、流通に関しては大企業並みになったのではないかと疑いたくなる状況が、ここにはある。

このような状況の下では、その（仮に「ＰＲ誌」と呼ぶが）ＰＲ誌が、読者のわれわれに出版活動の緊張を伝えることが弱いのは当然というべきであろう。緊張の質は時代、環境とともに変化する。権力による禁圧がほどけ、経営状況の改善が進んでも、読者との緊張はあるはずである。その緊張意識は失われてはならないはずである。しかし、それらも失われているのではないかと思われるものがある。これは出版の危機を意味するのではないかとさえ思う。

こうしたなかで、わが『評論』はどうか。『評論』はいま挙げた三つの緊張をいつも持続しているのではないかと思う。出版行為の独自性ないし主体性やその水準を持続させるために、その努力は変わることなくつづけられている。たしかにＰＲ誌に感じる「文化の香り」はかすかかも知れない。しかし、ＰＲ誌が放っている「文化の香り」はいかにもそれらしさを強調する姿勢が見え見えになってくると、「鼻につくなあ」という感想が先に立つ。それよりも「こんなにいい本がなぜ売れないのか」と言葉として聞こえなくても、『評論』の隅から隅まで読んでいくうちに、そのうめきが、われわれに伝わってくる。しかもそれは諦念のうめきではなく、前進を前提とするそれだということが、ひしひしと読みとられるものなのである。力をこめて決意をもらすそれとして、である。

自信をもってつくった本が思うように売れないから（その責任の多くは著者にもあると思う）、経営が思わしくないから、だからうめくのかも知れない。しかし、『評論』は、いつも前を向いている。こんなはりつめた緊張は、他のＰＲ誌には稀である。

だから、わたくしは隅から隅まで読む。読み終わって叱咤激励を感ずる。そして、日本の現在のような出版状況のなかで前進するために、より大きな、より精密な文化状況論と将来への展望をつくりあげ、われわれに提示してほしいと思う。社名には「経済」という表記が入っているが、それにとらわれず、より広い「文化」への視点が投影され、それが『評論』によりつよく反映されること――それがささやかなわたくしの「注文」である。

（一九九七・四）

『評論』なんて一〇年早いぞ

「君のところでＡ５判のＰＲ誌をだすなんて一〇年早い」と言ってギョロリと私を睨んだのは、当時元気で活躍していた未來社の西谷能雄さんだった。私はその数日前から自社の経営的危機を脱するために、西谷さんに指導を受けていた。ＰＲ誌を出す金があったらほかに回せ、という含意だったのだろうが、駆け出し野郎が生意気なことをして、それを叱られたように思ったものだった。未來社から出されている『未來』は、岩波書店の『図書』や創文社の『創文』、有斐閣の『書斎の窓』、東京大学出版会『ＵＰ』に比肩する信頼と部数を誇っていた。巻末には「思うこと」「末尾ながら」という欄があって、社長と編集長が毎号苦言めいたことを執筆していた。私は愛読者だった。その主宰者に「早過ぎる」と言われたのだ。今思えば、事態がいかに苦境の中とはいえ、「早過ぎる」というおっしゃりようもないのではないか。その時は、私はもちろん反論などしなかったし、できる関係でもなかった。ただ、西谷さんはその時「持続すること、持続させる術を身につけること」の大切さを説き、「その過程でこそ出版は〝自由〟なのだ」と続けた。
多売を狙った本を作ったときのことである。印刷上の大きなミスが、日本興業銀行に勤める人から指摘された。そのページを見て、どうしてこういうことになったのか、印刷屋を詰問した。「さあ?」と答えられない。活版時代には考えられないミスだった。当然配本したあとだったので、この『評論』誌上で交換することを広告した。ドドッーと交換品が送られてくると思いきや、ぜんぜん来ない。興銀の人のような指摘もない。どういうことなんだ。『評論』なんか誰も見ていないのじゃないか。心配になった。在庫を調べてみると千部以上が売れたことになっている。返品も止まった。この本を出してから半年目「『評論』を読んだ、交換してくれ」と読者から電話があった。ホッとした。

（一九九七・四）

売れ残る本

ゴールデンウィークの直前になると在庫の棚卸しをする。決算のためだ。棚卸しは経営の側面から見ると、かなり大型のイベントになる。そしてその実務を社内全員でやるとなるとなおさらである。そこでは好むと好まざるとに関わらず、自らが制作した単行本の数々と対面しなければならない。売れずに山のように積み上げられている本、書棚からはみ出して通路をふさいでいる本、これは圧巻と言うより、脅威に似た姿である。編集に携わった者も販売に走り回った者も、みな無言である。「誰だ、こんな本をつくったのは？」とか「売り方が悪かったのではないか」などと誰も言わない。このように売れ残る本を作ろうと発議したのは誰なんだ。そのことが問題なのではないか。私はうつむくだけだ。

綿密に企画会議を重ね、著者を設定し、販売の手だて、宣伝のプランを練っていれば売れ残ることはないのだ、と一人が言う。果たしてそうだろうか。そのようにして零細出版の作品群を誕生させ続けられるだろうか。教科書ならいざ知らず、研究書をつくるとき、編集者の思案などタカが知れている。ここをどうにかしてくれなどと細かな注文をつけたところで、やはりそれは枝葉末節に近いことなのだ。研究書の神髄は、その研究者の到達点を表現しているかどうかなのだ。またその著者とどのように知り合い、親交を重ね、お互いの魂をどれだけ理解しあっているかなのだ。著者の顔も見ないで出版するな、酒も飲まずにその人となりが分かったような気になるな。そんな簡単なルールが破られることもある。この基本をはずした本が長命であるはずがない。売れないことの悲しみを顔も見ていない著者と分かちあうことはできない。

九七年版の「図書目録」ができた。版画家・三好まあやさんの装画で二年目。とてもうつくしい。小社の最初の目録が一九七四年、Ａ５判で一二頁。収録点数はたったの一一点だった。以来毎年改訂・増補を続け、一九九〇年版をみると八四頁、四一四点。今年版は一三二頁で解説をつけたもの五三一点。今までにつくった本が七四八点だからその七割は生き延びていることになる。でも二〇〇点以上が品切れか絶版になっている。絶版本のない出版社になろうと言ったのは、残念ながら遠い話になってしまった。冒頭に記したように倉庫の収容量にも限度がある。見栄は張り続けられる限り張りたいけれど、背に腹は替えられない。

（一九九七・六）

ネットで恋人を探す

通勤する電車の中で、腰に手を回しあってキスする、若き男女の隣に立つことになった。満員電車では、下を向くこともできず、仕方なしに天井を眺めていた。周りのおじさんたちもバツの悪そうな顔をしていた。キスシーンなんか毎晩テレビで見ることができる。なあに実演だって公園や歌舞伎町で目撃できる。それらには羨ましく思いこそすれ、怒りを覚えることはない。なのにこの電車野郎には腹をたてていた。誰にも害はないのだから見ぬふりをしていればよかったのか。どうも、ちがう。

新しいことを始めるには勇気が要る。それは風俗においてもそうだろう。例えば、幕末開国以来、断髪は勇気の要ることだった。特に女性の場合、涙ぐましい闘いだったと聞く。しかしこの電車キッスは開拓者の気概が微塵も感じとれない。犯罪を犯しているのではないからほっとけと言い張るか。開拓者は恥を知る。この恥を自覚しながら自分の人生を切り拓いて行こうとする。その大方は敗北する。この恥をかき敗北していく過程こそが青年を輝かせるのではないか。見知らぬ公衆の前で抱き合って、認知してもらわなければならないお前さんの愛。青年たちは愛し合うことさえ不安なのか。

インターネットで会議をするとか、インターネットで恋人を探すとか、奇妙な事態が進行している。電波に乗って加工された声、温もりを感知できない肉体、夕べ食べたギョウザの臭いも、働いたあとの汗のにおいもかぐことはできない。このことは、自らが何者であるかという検証を欠くことにつながっていないだろうか。自分が何者であるかという問いを持たない者の会話は、それがどのように整っていても、空虚である。面白くない。自らを検証することは、生身の人間と人間との対話によって触発される。対話は出会いを抜きには不可能だ。では、出会いとはなんだ。己が、問いを含んで呼びかけること、その呼びかけに立ちどまり振り返ってくれた人がいること、それが出会いだろう。「私って何」「あなたって誰」「どこから来たの」「どこへ行くの」……呼びかけは多様であり、根源的であり、個性的でさえある。インターネットというばけ物は、人の発する個性的、根源的な問い（よびかけ）を出会いにまで展開させられるのだろうか。偽装された対話、偽装の恋、偽装の政治と経済。インターネットは偽装の後押しをしていないか。

十数年前、この社で働いてくれた旧い友人から手紙がきた。ちょっとした用事があって、そのついでに近況を尋ねたからだ。彼女曰く。「どんな風に暮らしているかと尋ねられても、返事に困るような生活をしています。ただ昨秋から、高齢者の在宅サービス施設で週三日、パートの寮母さんをやっています。三食昼寝付の生活の中で、ひとつぐらい社会に向けて穴を開けておこうと思って、ずっとその施設でボランティアをしていて、誘われたのです。……福祉という分野、例によって上の方はグチャグチャですが、現場では、人のやさしさとか、頑張りが素直に表現され、時々感動的だったりします……」。お別れしてから何年になるだろうか。毎日パチンコやってるのではあるまいね、と思っていたことを恥じました。「社会に向けて穴を開ける」素敵な表現だと思う。この世の中と具体的に繋がろうという欲求。そこには「自分とは何か」という問いがあり、福祉を通して、どこか深いところで社会に連結している「自分」の発見がある。そういう自分に気づいたとき、感動も涙も、宝物として所有することができる。彼女はいい道程《みちのり》を生きていると思う。うれしくなりました。

（一九九七・八）

歴史を確かめる

「自虐史観」なる言葉が飲み屋で飛び交っている。従軍慰安婦なんか実体はないとか、南京大虐殺はウソだとか、言い出しっぺの藤岡センセイとその一味だけではなく、結構若い男女までもが真顔で言い返してくる。初めは冗談だと思ってお相手していたが、一応の理論と実証をつけてくるので、こりゃ本気で言っているのだと、こちらも態度をかえた。こっちだって「現場を見たのか」とか「慰安所に行ったことあんのか」なんて言われると一瞬何と反論しようかと迷うが、歴史を学ぶってことは、そういう実体験を言い合うことだっけ、と言ってやった。「日本帝国主義の本性は……」なんて言い始めるつもりはないが、戦争とか侵略という暴力的事態の中で、われわれの先輩や親戚が、あってはならないことをしたかも知れないという疑念をもつことは、人として必要な態度ではないだろうか。その疑念を晴らそうとすることで逆に不利な真実に突き当たってもいいだろう。言い返せず、むやみに水割りを飲むのは体に悪い。ただ、戦後の民主教育の成果として、このテの若者が増えているのは肌で感じる。「戦争は人の心の中に生まれる」と指摘したのはユネスコ憲章であった。その中にこうある。「相互の風習と生活を知らないことは、人類の歴史を通じて世界の諸人民の間に疑惑と不信をおこした共通の原因であり、この疑惑と不信のために諸人民の不一致があまりにもしばしば戦争となった……」。相手を知り、相手を理解しようと努めること、そこまでなら反戦主義者を名乗らなくても出来そうなことだ。

イギリス王妃だったダイアナが死んだ。新聞もテレビも「悲劇の人」と報じた。何万人もの人が葬儀の寺院と宮殿とを取り囲み、その棺を見送った。翌朝、マスコミは「世界中が別れを惜しんだ」と締めくくった。人が死に、惜しかったと言われるのはどうしてだろう。人生の長短ではなく、何事かを為そうとしていたこと、それが人々と共有されていたにも拘わらず、終に成し遂げられなかった無念の共感にあるのではないか。

（一九九七・一〇）

大型書店に本がない

東京から一時間、郊外の街道をママチャリで走る。街道にはギンギラに輝く大型店舗がいくつも並んでいる。スーパー、ホームセンター、パチンコ、家具屋、そして書店。書店に入ってみた。店内は明るい。蛍光灯が九〇本以上もついていた。郊外型大型書店はいつ頃から増えたのか覚えていないが、初めはわが社の本も置いてもらえると思って、営業的接近を試みたが悉く断られた。

「当店には向いていません」と。本は全国どの本屋からも買えるが、どの書店で買ったかも価値ではないのか。専門書・研究書の類は一冊も（ほんとに）置かれていない、その大型書店の片隅で、うちの本を常備してくれている希少な書店のことを思い、有難いことだと思った。店を出て、広い駐車場から振り返ると「本」「Ｂｏｏｋ」と書かれた屋上の看板がグルグル回っていた。統計に拠れば、書店の床面積は増床を続けている。その実態は町の古い書店が潰れて、郊外型の大型Ｂｏｏｋｓが出来ることで、その数字がつくられていることは明白だ。活字離れというが、本に接する場所、つまり本屋が減っているために本が余計に売れなくなっている。

（一九九七・一二）

稼ぐに追いつく貧乏あり

「三菱がつぶれるときは日本がつぶれるときだ」と、飲み屋の一角で高級ビジネスマンが気炎を上げている。だったら拓銀や山一はつぶれてもいいのか。本当に日本は沈没しなかったが。日本の浮き沈みに、直結するような世界で生きてるわけではないから、三菱の営業マンのような発想はないのだが、やはり大企業の不振はこちらにも影響してくる。本が急に売れなくなった。体も会社も日本も、相当深いところで病んでいるということなのか。稼ぐに追いつく貧乏なしと言われたが、それは違います。貧乏の足は相当に早い。サービス残業を何十時間もして、土日も仕事のことで頭がパニック、女房の顔もロクに見ないで働いているのに、貧乏の足取りは軽い。追いつき追い越されそうだ。ここで気がつく。稼ぐということと働くということの違いを。そうでなければこの現実に説明がつかない。

一九八七年、いまから一〇年前のことだが、『少女たちの戦争』と題した本をつくった。著者は明治大学の学長をしたことのある木村礎さん。太平洋戦争下、勤労動員に駆り出された女学生とその引率教師の体験を綴ったドキュメント。この本は静かではあったが、大きな反響をよんだ。著者が村落史家としてではなく、歴史家として太平洋戦争に対する考察を記したからである。敗戦は近代日本の帰結であったと言い、またこの戦争を支えた者は誰かという問いもあったからである。戦争という国家事業が、近世から継続する村落構造とも無関係でないとすれば、それは何だということになるだろう。木村さんはこの一文を書くために村落研究に一生をつぎ込んだのではないか、と思うのだ。「そんなこと、いまさら書くのはやめとけば……」と夫人が言ったという。このエピソードも重い。名著出版から刊行された『木村礎著作集』(全一一巻)が完結した。この掉尾を飾ったのも『少女たちの戦争』であった。

(一九九八・二)

出版は一代限りだ

「定年になった。退職金が入った。わずかだがカンパする」。定年を迎えたとは言え、どうしてどうして十分に若く美しい著者の一人が、そういって訪ねてくれた。最初の一言では意味が飲み込めなかった。落ちついて聞いてみるとやはりそうだった。このような申し出をどう受けとめればいいのか。この人の出した本がちっとも売れなくて、大損をしているわけでもない。ましてやこちらの都合で無心したわけでもない。どうして？　と考え込みながらも、その人との出会いからの来し方を反芻していた。多少の諍《いさか》いはあった、幾晩かにわたって静かに会話したこともあった。そのときどきの緊張やら安堵を、編集担当者やその仲間と共有することもなく、独り占めしてきたこの十数年を、相済まぬ時間だったと今思う。本は一人では作れない、などと訳知り顔で言っていても、そう思いそう行動していただろうか。一人よがりではなかったか、身勝手ではなかったか。この人の申し出は石のように井戸のように、重く深く、わが行く末にあり続けるのだろう。

出版の世界は、何たって零細な企業の集団である。だから、自分の進退を自分で決めてしまう人もいる。これは経営に責任のあるなしに関係なくだ。親しくしていたり、慕っていたオヤジや編集長が「この仕事が最後だ」とか宣言して、気づかぬうちに表舞台から消えている。ある編集長は「この全集が完結したら辞めるんだ」と宣言したが、なかなか辞めない。恐れながら聞いてみた。「全集が完結したらって言ったろう」ときた。本は魔性をもっている。とりつかれた人は歳をとっただけではやめられない。

もう一人のおやじさんのこと。「くたびれた、やめる」と言って旧い社員に社業を任せて、ほんとに辞めてしまった。理工系の本をつくっていたのだが、景気もよさそうだった。一宵飲む。何と別の出版社をつくっていた。それも文学系だ。「くたびれたんじゃねえ、本心は文学書をつくりたかったんだ」そうだ。こんな我が儘は許せないと言いかけたが、彼はそのためにこそ理工書で小金を貯めてきたことに思い至り、その言葉は冷えた酒と一緒にのみこんでしまった。

企業化・合理化がしにくい商売、それは出版であれ、水道工事店であれ、八百屋・魚屋であれ、持続と継承の精神を保ち続けるのは、一面過酷な務めである。出版の場合、学術書であれ文芸書であれ、人の魂の領分の仕事である。それは著者や業者、同僚等々との連帯の上に可能だ。しかし商売は苦しい。すると「食えなきゃしょうがないだろう、能書き言ってる閑があったら……」みたいな葛藤があって、後継者は出現しにくいということになる。これはどの稼業でも同じだろう。「出版は一代限りだ」と誰かが言った。一面の真理はある。新しい出版社をつくって好きな本を作り、好きなように貧乏するなんて事は、誰にでも出来る芸当ではない。とすると、会社に寄り合うより多くの者の意志が、作品として結実できる仕組みを持ち、それが機能する出版社、これが目標ということになる。ならば、美術書でも宗教書でも持ってこいだ。

そうは言っても、東京大学出版会の渡辺勲さんがS紙に連載した歴史家六人との交流記録を読むと、考えることは多い。渡辺さんは、井上光貞、網野善彦、江口朴郎、門脇禎二、和歌森太郎、西嶋定生というこの未知の重鎮との交わりの中で鍛えられてきたという。さらに別の見方をすれば、この告白は編集者としての敗北の記録でもある。私の貧弱な語彙の中から敗北と規定するのは、編集者が、このセンセイの本なら行けるとか、どうしてもつくりたいとか、ある種の助平心を起こして取りかかったとき、世間という問屋は簡単に卸してくれないと言いたいからなのだ。

ナベさんは、その無念を美しい文章に仕立てている。

例えば井上光貞さんの項。「私は粘りに粘って、ついに先生のノートを拝借して清書するところまでこぎつけた。このままで本に出来るほどの完成度だ。……ところが先生は突然に逝ってしまわれた」ということになる。残念。和歌森太郎さんの項では、湯島で芸者をあげて飲んだり、銀座のクラブへ初めてつれていかれて目を丸くしたとか、編集者風情が剛毅な体験をしているが、やはり「……この企画は幻に終ってしまった。先生があまりにも早く、急いであの世に旅立たれたからである」と結ばれるのだ。歴史書を中心に長く編集に携わってきた彼にしても、企画における挫折と敗北は山ほどあることを思い知らされる。それでも尚、オレから編集をとったら何が残る！　という清々しい居直りのようなものを感じるのだ。ナベさんは美術書も宗教書もつくるまい。

（一九九八・四）

決算という安堵

会社を出発させた頃は、自分が食っていければいいんだと、欲のないようなことを言っていたが、一人二人とこの社にも構成員が増えてくると、「自分」どころではなくなり、心細いような、くやしいような日月を送るようになる。好きな本とか出したい本はどこかに吹き飛んで、食えなきゃ話になんねえ、売れる本がいい本だ！　なんて突然叫びだす。今、わが社は総勢一四人、家族を合わせると三九人になる。その全てがこの会社の稼ぎに寄り添っているわけではないが、会社に何かあれば、家庭平和とか家族の団欒に異変が起こるのは必定だ。気は重い。政治も経済も不況である。零細な集団が景気の良かろうはずがない。そういう環境の中で決算数字なんか出したくない。

だが、法人が法人であるためには、最低やっておかねばならないことがある。

①棚卸し＝書けば三文字だけれど、出版の場合はこいつがくせものだ。出版物の一点一点の在庫を調べるのだ。小社の単行本八〇〇点。山ほどあるもの、数冊しかないものさまざまだが、狭い倉庫に横座りで検品していくのは、結構な労働である。社員全員でやる。編集も営業も、経理もやる。極端に山になっている本がある。その山の前に佇むのが担当編集者だった場合、悲しげな眼をしても「捨ててくれ」とは言わない。「いつか売れる日が来ます。とっておいてください」となる。甘い。いつかとはいつだ。「おいとく」のはどれだけ管理費や税金がかかるか承知しているんか。でも、その願いは正当だから、「しょうがねえな」と小さく呟いておいとくことにする。来年の同じ日に同じような山塊と対面することも知らないで。

②決算書＝これは表にしたらたった四頁の作品だ。銀行だの株主だのに配布する会社の通信簿だ。子どものときから通信簿はきらいだ。まして自己申告的につくるのだからもっときらいだ。今年の内容は――それは神保町で飲みながらの話題にしましょうか。

③そして税務署への申告、株主総会、納税となる。いずれにしても決算月の夜は、今年も決算できたという一つの安堵と、いつまで続く泥濘《ぬかるみ》ぞ、のふたつの思いの同居である。（一九九八・六）

「へこたれるな」――木村礎さんの火事見舞い

一九八三年秋、借りていた書籍倉庫に火がつけられた。在庫の大部分が焼けたり水浸しになった。火の気のないところだったので、警察も出張ってきて、相当な取調べをうけた。小松川警察の刑事の目は鋭い。「カギは誰がもっているか」「その時間はどこにいた」「会社は儲かっているか」「保険には入っているか」――まるで火つけ盗賊改めだ。

それとは別に、「倉庫火事！」の情報は著者にも知れわたることとなった。多くの人が見舞いにきてくれた。また、「印税も払わんうちに燃やす奴があるか」と小言を言う人もいた。「不良在庫がなくなってよかったね」と見当違いの激励もあった。当のわれわれはかなり落ち込んでいた。業者に延べ勘で増刷を頼み、取次には前倒しの支払を頼んだ。

そんな慌ただしい中、明大の木村礎さんが、小さな紙片と一升ビンを歴史編纂室の宮川康さんを通して届けてくれた。酒もありがたかったが、紙片に書かれていた「へこたれるな」の一言が若かったわれわれには利いた。力が湧いた。木村さんは、歴史の先生。生涯のほとんどを村の調査に費やした。学生を連れての合宿は七〇〇日を越えている。頑強な体と他人の心を癒す心遣いがその組織力だったろうか。木村さんが明大を去る日、私は仕事を休んで、火事場のことを思いつつ、最終講義を聴いていた。

（一九九八・七）

一寸先の運

前橋の煥乎堂書店副会長で書店新風会の六代目会長も務めた小林二郎さんが、出版界の成功者五十三人にインタビューした『日本の出版社』という本がある。本書に登場する明日香出版社の石野誠一社長から送られてきた。扉に「営々黙々道はるか」とある。こういう本特有の成功譚は、われわれには縁遠いことなので、「お前は何してるんだ」と言われているようで、多少ハナにつくが、社業でも縁のある、石野さんのお話をちょっとだけ紹介しよう。

明日香出版社は一九七三年創業。ソニー、ホンダ、アカイという戦後急成長の御三家の一つ赤井電機の社長赤井三郎の『オレの軍歌』という一代記を出版。売れたらしいが返品も多く、ほかの本は鳴かず飛ばず、その年の暮れは千五百円しか残らないで正月を迎えたという。前にもふれたが、出版では食えない、と判断したか、取次への納品代行業を始めた。自社のものを届けるついでに他社のものも納品しようという着想、わが社もすぐに便乗した。たぶん第一号会員だったろう。かれの納品代行は大当たり、その部門で別会社をつくってしまった。その代わり、と言っては彼に悪いが、出版の方は休眠一〇年。しかし幸運はビールを飲んでいたらやってきた。ビジネス書の大出版社を辞めた精鋭が、手を組もうといってきたのだ。その接近の細部は知らないが、その後、ビジネス書、語学書の大量販売に成功し、一〇年で年商十数億の会社に変身させてしまった。創業以来、「みんな頑張っている。その上に会社も私もある」とは石野さんの確信だ。今は、社員とパートを日本一大事にする会社として自他ともに認められている。それをつくりあげてきた要諦は、報告・連絡・相談を密度濃く積み重ねてきたからだという。売上げも精神もあやかりたいと思う。

石野さんだけでなく、人にはどんな運命が待ち伏せているかわからない。著者でもあり、あれこれのプランについて教えをいただいていた埼玉大学の兵藤釗《つとむ》さんが学長になってしまった。学内の人事に小さな混乱があり、そのことでまっすぐな発言をしてきたのが、事のはじまりらしい。神田の学士会館で会議があり、それが早く終わったとかで社に寄ってくれた。時間は早い。お天道さまがいるうちから飲むことになった。「学長職には慣れましたか」「うん、事務方がしっかりしているからな」「勉強する時間はありますか」「しようと思えばあるんだろうが、時間がぶつ切れていてな」「何かしていてください」「そうだな、忙しいのを言い訳にはしないよ」。研究者は、できることなら学校行政に突っ込んでいかない方がいいとは思うが、そうもいくまい。しなけりゃならないなら、体力のあるうちにすましておいた方がよさそうだ。「勉強はつづけるよ」という言葉を聞いて、私は嬉しくなった。一晩中飲んでいたい衝動に駆られ、国内外の今は亡き革命家の話などをして夜が更けた。

三年前、簾内敬司さんによって書かれた『日本北緯四十度』は、復員後、秋田の山村の長を半世紀近くも務めた畠山義郎の物語である。畠山が北東北の小さな村でやりとげたことは何だったか。食えなきゃいかん、と同時に村を捨てて食えてもそれは幸せではない、という説得力に富む政治であった。いくつもあげられよう功績の中に、造林事業がある。彼は在任中に四百万本近い木を植えたのだ。出稼ぎに行かずにこの村で食えるために、仕事を作り出したのである。一九九五年秋、簾内さんとともに畠山を訪ねた。その帰り奥羽本線から壮大な海岸砂防林を見てきた。木を植えた話を書いて下さい、ともお願いした。三年後の今、畠山と簾内さんはその願いをきいてくれた。前著で畠山は言う。「これから何をやっていくつもりか」「木を植えることだな。伐ろうとおもったことはいちどもなかった」「結局、基本は木と水だな」。出来上がった今度の本は『松に聞け——海岸砂防林の話』だ。こどもたちにも読んでもらいたい本だ。

（一九九八・八）

二十一歳の嫁の手

埼玉・秩父地方と農民を撮り続ける写真家南良和さんとの仕事は楽しい。写真集をつくるための原版選びやレイアウトの思案ではなく、あれこれをしながらの南さんとの会話がたまらないのだ。南さんを表徴する一枚の写真「二十一歳の嫁の手」を見たのは七〇年代のはじめだった。新泉社から刊行された『ある山村・農民』に収録されたこの一枚は、私に限らず、見た者を一様に驚かせたにちがいない。ひび割れた後ろ手に組まれたこの手は、とても二〇歳そこそこの女性の手とは思えない。小さなキャプションを見て、百姓の労働が都会人の想像を超えて、如何に苛酷なものであるかを思い知る。私は百姓の倅だったのにだ。

その南さんが、「まっとうな人物像をとるには、信用されなきゃだめだいネ」とか、「人間《ひと》や生活《くらし》は暗く考えすぎちゃだめだいネ」と言うとき不思議な説得力がある。思わず「そうだに」とうなづいてしまうのだ。

南さんは技術以前に頑固者である。ひとつの被写体をみつけると、一〇年二〇年と動かない。定点、定角度、そして長期間の三拍子には敬服しかない。出版も記録者の側面をもつ仕事とすれば、この視点は大事なことだろう。

「小学館ライブラリー」の一巻に、一橋大中村政則さんの『労働者と農民』がある。「二十一歳の嫁の手」が使われている。初版はトビラか口絵だったと思うが、文庫にしたらカバーになっていた。この本を読んだ何人かに聞いたら、やっぱりこの写真に驚いていた。カバーのためだけにこの本を買う人はいないだろうが、この写真は記憶しておいてほしい。これを選んだ編集者の顔がみたい。

後日、著者中村さんと飲む機会があった。東京西郊・国立の飲み屋で気炎をあげているうち、このカバーの話になった。少し気が大きくなっていたのだろう。「せんせい、あの写真もらってきましょう」なんて言ってしまった。南さんに懇願し焼いてもらった。中村さんは、退官の日、この写真を紹介しながら最終講義を終えた。

（一九九八・一〇）

公的資金を借りる

零細の一つや二つ潰れても仕方ない、などと政治家が口に出来る事態ではない。三つ四つではなく町丸ごと危ないところも出てきそうだ。先頃から中小企業安定化資金なる公的資金が融資され始め、零細企業が長蛇の列をつくっている。冬に向かってカネは要る。今年の冬はことさら寒そうだ。管轄の千代田区役所に並びに行った。製本所の親爺、天麩羅屋の若旦那、印刷屋のおっ母さん、いるいる、みんな顔見知りだ。役場の青年が用意していった決算書や試算表を見ながらハンコを押してくれる。「お宅の会社は不安定であることを証明します」。所要時間二分。公的資金とはかくも気安く融資されるのか。役場も窓口となる信用金庫も無責任の連携プレイをしているようにも感じる。借りたこともない大金を借りてしまった零細は、五年という短期で本当に返済できるのだろうか。毎月の金利も馬鹿にならない。返済不能企業が大量に出るかも知れない。借りていて文句も言えないが、まさか、予定通り返済出来ない会社は潰れろという陰謀ではあるまいな。

岩波書店に長く勤めていた伊藤修さんが、辞めろと言われたわけでもないのに、退社してしまった。勉強会「歴編懇」の先輩だったので、奥利根のひなびきった宿屋で、湯に浸かりながら、三七年にわたる苦悶を聞いた。岩波を、出版物の信用できる会社と認定して入社した。何代かの社長の下で、主に歴史系の本をつくってきた。あれやこれやの本についてコメントするとき、伊藤さんは、その当時を思い出すかのように目を遠くにやる。成功したもの、不発だったもの様々であろうが、「一仕事」した人特有の雰囲気があり、気持ちのいい話だった。これからどうするんですか？　と誰かが聞く。「今、バーテンの学校に通っているんだ。それから古物商の免許もとったよ」なんて楽しそうに呟く。人の晩節末路は難《かた》い。私はどのような晩節に向かっているのだろうか。

（一九九八・一二）

酪農事情社の閉社

小社の刊行本の中に農業経済学分野がある。農業ものを出している社は極端に減っている。筑波書房、農林統計協会、家の光……。そんな中で極小な酪農事情社は、酪農に的をしぼって経営問題、飼育実務、環境保護などと四つに組んで出版を続けてきた。戦後間もない創立だから、もう五〇年にもなる。初代社長は酪農振興に寄与したとして勲章をもらっている。二代目は急逝。三代目小松厚子さんになって十数年。一方では酪農家の減少による雑誌購読者の激減。歯を食いしばっただけでは智恵は出ない。社員も去り三人四脚で奮闘してきた。「カネ貸せ、智恵貸せ」と言われたこともあったが、役にたてなかった。たくさんの友達の応援もあったが、太平洋に小便だった。木枯らしの吹く夜、厚っちゃんがうつむき加減で相談にきた。相談は表向きで「会社をタタム」ことを伝えにきたのだ。もうどうにもならない、承知するしかなかった。何か言わなければならない。「社は消滅しても、出版したものは亡びない。またわれわれは生きつづけなければならない」。こんな晩、意味があろうとは思えない、こんな一言が精いっぱいだった。取次や出版健保の小社の保証人にもなってくれた、酪農事情社は、九八年一二月閉社した。

（一九九九・二）

入札に参加

ご指名があったので、アジア経済研究所が発行する雑誌の、制作下請けについての競争入札に参加した。雑誌一冊でもビルの一棟でも、入札手続は同じなのだろうが、この方面に不案内だったため、結構な手間だった。聞いてください。先ず入札一ヵ月前に揃えなければならない文書の数々。

①申請書　②担当者の名刺　③会社経歴書　④営業経歴書　⑤直近二年分の決算書　⑥登記簿謄本　⑦印鑑証明書　⑧納税証明書　⑨切手を貼った返信用封筒　⑩以上を研究所指定のブルー色のファイルに綴じ込んでこいという。いくらの仕事の入札だっけ、とかぶつぶつ言いながら法務局だの税務署だのをはしごして集めてきた。届けに行くとファイルの色が違うとか切手が足らないとか言われた。眼前の女性がにこりともしないで、極めて事務的に対応してくれた。

入札当日がきた。風邪を引いて、水洟《みずっぱな》をすすりながらの女性係官が、各社の入札値を読み上げていく。小社は最高値で落選。落札したのは小社より五〇万円も安かった学会センターだった。落札できなかったのは仕方ないとしても、そのあとが気にいらない。「落札者は残って直ちに契約してください。その他の方はお引き取りください」だ。ご苦労の一言もないし、お茶を飲んでいってくれもない。前記書類を揃えるだけでも、結構な時間を使っているのだ。役所の無神経を思い知った。

『国富論』を完訳すると老いに鞭うって夢を燃やしていた東京経済大学の杉山忠平さんが、その夢を果たさぬまま、三月二一日に逝ってしまった。可愛がってもらった先生だった。去年八月に上梓した『シュムペーターのウィーン』が最後の仕事となった。通夜の晩、愛弟子《まなでし》中山千香子さんを誘い編集部の谷口京延と三人で涙ぐみながら深更まで飲んだ。

（一九九九・六）

刊行始まった倍増計画資料

資料集『国民所得倍増計画資料』の刊行が始まった。十数回の研究会と関係者へのインタビューを経て、この四月からの配本である。完結すれば一〇〇巻近くになるだろう。

倍増計画は、あの安保闘争のあった一九六〇年の暮れに発表された。時の総理は池田勇人であった。政治の季節から経済の時代への転換である。国民所得とは、個人の月給のことではないが、「所得倍増」という響きは、うれしい誤解をさせるものであった。池田の発言は腹を減らしていた国民に衝撃を与えた。池田は戦後経済の中に、具体的な光を放ったひとりであった。

農村から都市への急激な労働力の流入は、百姓人口を三分の一にさせるほどだった。春日八郎の『別れの一本杉』や三橋美智也の『リンゴ村から』等は、村を去る男の心情を歌ってあまりある。守屋浩の『僕は泣いちっち』などは、女友達に先に上京され、泣きっ面をしている弱虫男の歌だ。伊沢八郎の『ああ上野駅』に至っては「金のたまご」（中・高校卒業生）を集団就職列車にのせて、東京に出荷させたときのものだ。こんな心情を裏に貼り付け、日本経済は急成長を実現していく。夢も絶望も野心も、それらをダンゴ状態にして生産＝成長一本で突き進んでいった。

だがこうして実現する膨張には必ずゆがみが生まれる。農村の疲弊はもちろん、公害の多発、学歴の偏重等々、今日ある諸問題の根源は、この成長の時代に誕生したとも言える。いずれにしても、戦後経済史上最大の変革をもたらしたこの「計画」がどのように作り上げられたのか、その全過程を再現してみようと思う。

この資料集の編者の一人、成城大学の浅井良夫さんは戦後生まれの研究者だ。原資料の山をあれこれと仕分けしながらしきりに言う。「当時の、現場にいた計画担当者や計画を推進した政治関係者に会って話がききたい」と。何とかしたい計画である。近世史であれ現代史であれ、対象とする時間と場所にどれだけ自分を置くことができるか、という臨場感の問題かもしれない。

（一九九九・六）

出版事情の厳しい折柄……

著者の先生方が本を拵《こしら》えるたびに、決まって書いてくれる文章がある。「……この出版事情の厳しいおりに、採算のとりにくい専門的な本を出してくれて……」という下りである。お定まりの謝辞と言っては失礼だが、三〇年前のあとがきにも、つい先だっての前書きにも書かれている。つまり専門書はずっと以前から売れてない。先生たちはそれを承知しているし、出版社も覚悟はしている。これを書かれると「うれなくてもいい」という免罪符か、「オレの本は売れないほど専門的なのだ」と認定しているようにもとれる。環境や時代がどんなに変わっても専門書は売れない運命にあるのだろう。いや、売れるように本作りをしていないのだと言われれば、ぎょっとしてそうかな、と立ち止まるが、やっぱり売れてない。四月の数字が出ている。書籍・雑誌の販売額は前年同月に較べ五・三％の減。新学期なのに減少している。返品率も三六・一％の高率である。取次の現場は、トレーラーで搬入しトレーラーで返品しているありさまである。だから、先生方にお願いしたいのです。気休めになるフレーズ「この出版事情の厳しい折柄……」なんて書かないでほしいのです。

去年没した中央大学の川口弘さんが遺した名著『ケインズ経済学研究』の復刊を果たした。巻末につけられた年譜によれば、先生二九歳のときに書かれている。その前年に、日本銀行の若い行員たちとケインズについてあれこれコメントしながら構想したものらしい。三〇代、四〇代になって書かれた力作もあるが、最初にまとめた一書が川口さんを代表するものになっている。人は一生の間に何冊もの名著を生み出すことはできない。若くして抱いた問題意識には光輝く志のようなものが生き続けるのだろうか。弟子の緒方俊雄さんが熱い解題を書いてくれた。

（一九九九・八）

田舎がなくなる

大渋滞の関越道を越えれば、私の生まれた村がある。死んだ親父とお袋の墓に線香をあげてきた。夜、村に居残った同級生と、これまた同級生のやっているスナックで飲んだ。五〇年前は一面水田地帯であったこの村が、住宅や倉庫やアパートが立ち並び、スナックの繁盛する町に変わっていた。泊まりがけだったので分かったのだが、住んでる人まで一変していた。他所からの人が増えただけじゃない。水車を回して米搗きをしていたノブちゃんは、広大な家屋敷を団地に売り飛ばして村一番の金持ちになっていた。会津武士の血をひくKクンは女房子どもを置き去りにして出奔していた。それを話す同級生たちの何と冷やかなこと。同級一八〇人のうち、今も百姓をつづけているのは二人とか。それぞれが会社に勤めたり、自動車整備工場をやったりと、水や大地とつき合う仕事をしていないのだ。隣家の実りや田んぼの具合を気にする暮らしはしていない。水は上流から下流に向かう。鉄則である。水を媒介にして村は共同であった。他人を気遣う村であった。

それが今は、個々バラバラになっている。自分のことが自分で決められる。かつての村にはなかった現象である。ノブちゃんは今は何でも買える身分だが、「この村はオレが守った、東京に行った三男坊どもには分かるめえ」という気概が感じられない。田畑を売ることは勝手だが、この村の過去を背負いこんでいないのが惜しい。村が塊りとして成り立っていたときは、人々の個性や存在が光っていた。塊りが崩れたとき、それらの光芒もきえていった。夜更けになり鬱屈した気分でスナックを出る。昔お下げの同級生ママが「湿気《しけ》た顔《つら》しないで金払ってけえ」とか叫んでいた。

ファシズムは街宣車のようにがなり立ててやってくるわけではない。気づいたらファシズムと腕組んでいた、なんてのは洒落にもならない。

出版界の今。取次も書店も出版社も印刷屋も製本屋も、みな大変。それは経済的側面だけではなく、経済的危機を梃子にされて、再編あるいは大淘汰が進行している。都市に新古書店と大型書店、郊外に大倉庫型チェーン店が脚光を浴び、街の本好きの溜まり場だった零細小売店が千の単位で消滅している。業界の年商二兆六千億のうち、半分以上が雑誌で、残りをコミックとビニール本、写真集が受け持つ。快楽系の本がほとんどだ。いつ売れるかわからない小社の本などどこに行っても探せない。まして再販制がとっ払われたら、どこが行き場だろう。いま出版界は、先がみえない力ある者、図体の大きい連中が小さな池の中でのたうち回るため、小零細があおりを食ってグラグラしている図ではないのか。この時期、どこまで先が見えますか。本当の先が見えますか。本は所詮、身の丈にあったものしか作れないし、売ることも出来ない。誰にでもつくれる、だれにでも売れるというのは幻想であり傲慢でもある。国旗・国歌・盗聴法もさることながら、淘汰という弁解の下に言論統制は始まっている。ことの成り行きを耳をそばだてて聞こう。しのび寄る「統制」の足音がきこえる。

金沢大学の林宥一さんと日本福祉大学の高木邦彦さんが亡くなった。お二人とも老人ではない。金融史の世界では長老格だった後藤新一さんも亡くなった。晩年、天ぷら屋の隅で小言を言われながら冷や酒を飲んだのが最後になってしまった。生き残った者は何をしなければならないのか、何をしてはいけないのか。お三方の冥福を祈ります。それにひきかえ、ばかに長生きしている人もいる。

（一九九九・一〇）

小汀良久さん逝く

経済安定本部が遺した戦後初期の経済政策についての、厖大な資料群の整理を企図したのが、一九九〇年だった。NIRAと経企庁図書館と林健久さんを代表とする研究会は、三ヵ月おきの会合を重ね続けてきた。いくつかの記録を見てみると、この仕事につぎ込んだエネルギーの大きさに息を飲む。この仕事に理解を示してくれた人々の成果は、目の前に積み上げられた一五七巻の資料集そのものである。各図書館は「場所がない」と言いながらも購入の手はずを整えてくれた。刊行が続けられたのは、購入し続けてくれた図書館があったからにほかならない。年頭にあたり、あらためて感謝する。

去年刊行した『フィランソロピーの思想』（林雄二郎・今田忠編）の中に、著作権侵害（無断引用等）にあたる部分があり、侵害された当人内橋克人さんから指摘された。その対策に何日も費やした。対策といってもややこしい話ではない。侵害した者がその事実を率直に認め、しかるべく謝罪をすればややこしくはならなかったのだ。ところが侵害者はなかなか認めない。謝らない。半年もかかってやっと認めさせた。社内では「編集段階で無断引用を気づかなかったのか」と担当編集者にいいがかりに近い発言もあった。担当者は無念だったろうと思う。本は配本してしまったが、即座に販売を中止した。問題箇所を捨てて改訂版も出した。謝罪と懺悔の文書も作った。内橋さんも内橋さんの本を出した岩波書店も許してくれた。

八木書店の創業者八木敏夫さんと新泉社を創った小汀良久《おばま》さんが逝った。八木書店は今からちょうど二〇年前、小社ピンチの折、トラック何台分かの在庫を買ってもらった義理がある。八木書店の現社長は現金を渡すとき「このカネで必ず立ち直ってください。健闘を祈ります」なんて小声で言うのだ。まさにこのカネを明日の支払いに充てようとしている者には、この小声が応援歌と聞こえたことを思い出す。おやじさんの訃報を聞いてそんなことを思いつつ合掌した。

小汀さんは、知る人ぞ知る硬派な出版人である。「他人が出さない本、出せない本を出す」と咆吼して、あの『悪魔の詩』なんかも易々と、しかも堂々と売り出したりする。南良和のデビュー写真集『ある山村・農民』も小汀さんの仕事だった。出版流通対策協議会やＮＲ出版会を立ち上げた人としても知られる。群狼を率いる、と言っては語弊があるかも知れないが、一部ではそう呼び、それを認めてきた。葬儀は神式、小汀さんは神棚で「大人《たいじん》」になっていた。遺体は、百を超す出版界の群狼たちが献花で囲む。大取次の花はその中に埋もれていた。社業は波乱、人生は蕩々、六七年を壮烈に生きた男の花道であった。

（二〇〇〇・二）

大きくなるなよ

出版社が本をつくる。取次店が小売書店に配本する。小売は店頭に並べて客に売る。売れなかった本や売りたくない本は取次に返品する。取次はその本をビニール紐でひっくくり、版元に返品する。これが出版物の大ざっぱな流れである。本が動くたびに金も動く。納品時には黒字の伝票で、返品のときには赤字の伝票と一緒にだ。従って取次は売れた本代を回収し版元に支払う集金機能をもっている。大方の出版社が取次に頭が上がらないのは、この集金をまかせているからである。生命線を握られていると言っていい。

その大取次である日販が、大きな不良債権を抱えて大変だ、というニュースが二月頃流された。小社は大半の商いは日販に負っているから、他人事ではない。いろいろの問題があるだろうが、われわれが騒いでも何のためにもならないと思って、話題にしないことにした。要は本が売れていないことだ。諸悪の根元はそれ。本が売れてないということは、買う人がいないということだが、いなくなったわけではない。そこに救いがある。四千を越す出版社が小さな市場に向かって「一発当てる」ことを狙っている。当たるはずもなく、食い逃げることも怪しくなってきた。出版は大きくなれる発展企業ではないことを承知して、拡大だの成長だのを経営の基本にしないことが大事に思える。取次も出版社も書店もだ。

（二〇〇〇・四）

平和運動家・庄さんの死

松本昌次さんの興した影書房の陰のオーナーだった庄幸司郎さんが二月一八日に逝った。庄さんは建築業を営みながら「平和憲法（前文・第九条）を世界に拡げる会」を中心に月刊誌や映画をつくりつづけてきた市民運動家として知る人ぞ知る。戦後、松本さんが就職した夜間高校の五歳ちがいの教え子だ。それも松本さんは夏休み後にクビになっているから、数ヵ月の師弟関係だった。影書房は深く重苦しい歴史や思想の問題を扱ってきた専門出版社である。庄さんが生涯をかけてきた市民運動は、松本さんの教えや影響によるところが大きかったのではないかと考える。『さまざまな戦後』の中で庄さんは言う。「よく、敗戦によって解放の喜びを味わった話を聞く。羨ましいとしかいいようがない。わたしにとって敗戦、つまり戦後の幕開けは、解放どころか、苦難の人生への船出としかいいようがない」と。「満州」での民間植民者の一四歳の少年の敗戦である。日本の土を踏んでからも、「満州」に置き去りにされたくやしさとともに庄さんの平和への希求は消えることなく灯りつづけた。庄さんの死とともに、一九七二年創刊の『告知板』も三三三号で休刊となった。誰がこの強靱な意志を継ぐのだろうか。事務所で、中野の焼鳥屋での庄さんの甲高い声がなつかしい。

（二〇〇〇・四）

あるセンセイと話しているうち話題が「憲法九条」になり「前文」に及んでいった。「あんなの実態とかけ離れた空文である」とセンセイ。そうだろうか。庄さんは、その九条や前文を守ろうと運動してきたのだ。空文であったなら、庄さんは何のために一生近く「拡げる会」なんかに費やしたのか。「(国政の) 権威は国民に由来し、その権力は国民の代表者が行使し、その福利は国民がこれを享受する」とか、「陸海空軍その他の戦力はこれを保持しない」とか絵空ごとと読めなくもない。ただ、真理や理想はただごとでは到達しえないところにある。だから「憲法」として書かれるのだ。国政は金持ちに由来し、金持ちだけが享受する、と書かれていたらどうする。

国際紛争を解決する手段として陸海空軍を保持する、こんな本音が書かれていたら憲法ではない。現実の憲法は、生まれたときから敗北しつづけている。だからこそ、この美しい文体、震えがくるような内容を守ろうとしているのではないか。憲法を世界一の文学だと言っている人もいるくらいだ。憲法を実態に合わせて書き直してはいけない。実態を憲法に近づけて行こうとする日々こそわれわれの生活としてあるべきだ。私はそう反論した。センセイは不機嫌な顔をして「ケツが青い」と一蹴した。青くて結構、蹴り返したいのを我慢して、席を立った。（二〇〇〇・六）

子どもは今日も祈っている

本が売れてない。特に学術書が売れてない。こんなこと何度言っても詮ない事だが、そうなった原因は追求したくなる。

本はつい最近まで、研究や思索のための武器として第一級のものであった。それが、おそろしいほどの情報化の進展によって、研究者の研究スタイルを変えてしまった。赤エンピツで傍線を引いたり、付箋をいっぱい貼りつけたり、文言のつながりをあれこれと確認することがなくなっている。文字も書かなくなってきた。パソコンの画面に映し出される文字は書かれたものではない。誰もが無差別に使用できる点の集合体、あるいは影である。文字は人の手によって書かれなければならない。それでこそ、文字が人の意思として、思想として、主張や怒りとして成立しうるのではないか。手によって書くことを放棄したとき、文学はもとより、社会科学においてさえ衰退と凋落が始まったのではないか。なぜそう思うか。他人が周到に用意した数十億か数百億かの情報から選びとるだけで文学など成り立とうはずがない。創造するということは、キーをさわったくらいで、できるわけがない。辞書も引かなくなった。本を読まなくなった。何もかも、手で字をかかなくなったことに起因する。極言だろうか。「書物の復権」の道程は果てしなく遠いと覚悟するからだ。時代の進歩がもたらした負の進歩、出版にとどまり続ける限り、この事態をかく認識したい。

被害は小さな子どもにまで及んでいる。小さな女の子を殺したり、軟禁したり、バスを乗客ごとぶんどったり、並の頭では考えられないような事件が次々に起こっている。それも少年によってだ。つかまった少年たちは「さみしい」と言う。「目立ちたい、仲間がほしい」とも言う。事件を起こせば、目立つことは出来ても、仲間は失ってしまい、さびしさはもっと増す。結果は誰もが予想出来るのに、なぜ彼らはそうするのか。

高学歴志向は、この国の深層に依然として流れている。おベンキョウに追い立てることも塾も試験も、学校のありようさえも、基本的には変わっていない。いい学校、いい会社、いい給料、それが幸せ……そういう図式が甘い目で容認されている。だがどうだ。いい学校を出て、役所や銀行で偉くなった、いわゆる「出世」の見本のような人たちが、次々と悪事を働き、牢屋にぶち込まれているではないか。おベンキョウの果てがそんなことだったら、少年たちも呆れるだろう。更に、おベンキョウに追い立てていた父親が、窓際から追われリストラされているかもしれない。

どこに幸せや安心があるのだ。

少年たちはこの世に異議を申し立て始めた。一見バラバラにみえる個々の事件が、深いところで呼応し合い、同時多発の復讐戦がはじめられたのだ。やられる前に、彼らとともに話さなければならない。お利口なことは好いことなのか、お金持ちになることは好いことなのか、カイシャで偉くなることはいいことなのか。更に、馬鹿で悪いか、貧乏のどこがいけないか、万年ヒラで文句あるか、と居直るくらいの度胸をもとう、と呼びかけようではないか。もういい加減で少年たちを解放してやったらどうだろう。高度成長期のように追いつき追い越せという考えはやめよう。今日も少年少女たちは、駅の階段にエンコして何かに祈っている。立っていては祈れない。座り込むあの祈りの姿を目撃したことがあるだろうか。成長、売上げを追っかけるのをやめれば、本を読み自分を見つめる時間が奪い返せるのではないか。彼らに対話をよびかけるのは先に生まれた者の役目だ。

（二〇〇〇・八）

「レッツゴー運命」を聴く

電気ギターの名手寺内タケシのこと。ビートルズが世界を席巻していた頃、文部省だか大臣だかが、「エレキをやりたがる生徒は不良になる」とか「エレキをやってる奴は不良だ」と言って、高校生にエレキを禁止したことがあった。エレキ狂だった青年寺内は、馬鹿言うな、と怒った。不良がエレキをやることはあっても、エレキが不良をつくることはない、と意気まいて、全国の高等学校の校長にエレキコンサートを提案した。一〇〇校も呼びかけたのに回答してきたのはゼロ。中には、もっとマシな仕事に就けと言ってきた校長もいたとか。彼はそれでも提案をし続けた。時代はめぐった。エレキコンサートを受け入れた高校は千を超したという。これは本末転倒、バカ教育行政の正体のバレたいい例だ。懲りずに提案し続けた寺内の勝利と言ってもいい。当時の校長先生たちが言ったいい音楽とはクラシックと民謡だった。寺内はそれを取り入れ、クラシックエレキをつくった。「レッツゴー運命」（ベートーベン風）とエレキ民謡「津軽ジョンガラ」は一聴をお奨めします。

大人が言ったり命じたりしていることは、全部正しいわけではない。また、多くの間違いは大人が基をつくって、若い者のせいにしていることの方が多い。戦争も、犯罪も、差別も。だけど、後からきた「若い」者の主張が全部正しいというのもありえないのは事実だ。（二〇〇〇・一〇）

林宥一さんの遺品

これから何事かを仕上げていこうとする歳、五二歳で亡くなった金沢大学の林宥一さんの遺稿を編んで『近代日本農民運動史論』なる大著ができた。この本は、林さんが発表した農民運動に関する論稿を一冊にまとめる価値ありと判断した西田美昭さん、大門正克さんらが編んだものである。美本、三五〇頁を越す。林さんは農民運動史研究という手段を選んで、実は民主主義あるいはそれへの接近・実現を追求してきたのだった。だから林さんの日常は民主主義の実践そのものであった。この本には、そういうことがあからさまに書いてあるわけではないけれど、彼が残していったおびただしい発言の中に、それを認めることができる。彼は「共同性」と「主体」を問題にする。歴史の主体とか、学問の共同性といったように使うのだ。研究のスタイルも叙述の仕方も、この二点を強く意識していたように思える。私はそう理解してきた。この本と同時に刊行された追悼集『銀輪』は、林さんの小文とエッセイと知友の文章を集めたものである。この中でも民主主義のためへの強い自信をのぞかせている。妻恵理子が、遺品の中からみつけたと言って一編の詩を紹介している。内村鑑三「我等は四人である」から。

〝我等は四人であった
而して今尚《なを》ほ四人である
戸籍帳簿に一人の名は消え
四角の食台の一方は空しく
四部合奏の一部は欠けて
賛美の調子は乱れしと雖《いえど》も
而かも我等は今尚ほ四人である
一人は三人を縛る愛の絆となった〟

詩のとおり林さんの家族は四人であった。残された家族と彼の魂の前途の、やすらかであることを念じます。

（二〇〇〇・一二）

必ず突破する

東京大学出版会の雑誌『ＵＰ』に、渡辺勲さんの筆になるらしい「隘路」と題する一文が載っている。「本が売れず在庫が増え続けている。九〇万冊だったものが、一一〇万冊台になった。定価を上げず、部数を抑え、資金量を減らさず、回転を止めない方策はないか。この隘路を突破して二一世紀を迎える。必ず突破する」と。この「必ず突破する」という決意にひかれたが、どうやって？　と聴いてみたくもなった。

研究や教養を身につけるために、本が中心的役割を果たしていた時代は終わりかけている。思いたくないのだが、周囲の状況は否応なしだ。ＩＴ革命が何だ、なんて言っていられない。しかし、紙に印刷されページとしてバインドされた本が絶滅するわけでもないことも真実だろう。本の運命にかかわる心配事は、本の質の善し悪しを越えて迫ってくる。めまぐるしくかわる状況の変化が「本」の持つ特性を無視して丸ごと「情報」にとって代わられるような恐怖感を起こさせる。今言えるのは「必ず突破する」という悲鳴に近い覚悟だけだ。

（二〇〇〇・一二）

情報はわれらをバカにする——【二〇〇一年〜二〇〇五年】

なぜそこで本を出すのか

廣田功さん、老川慶喜さん、中村尚史さんら経済史・経営史系の仲のよい先生方数人が神田の小料理屋「小歌糸《こかいと》」に誘ってくれた。お内儀《かみ》は三味線を弾くチャキチャキの神田っ女。料理は少量ながらとびきりうまかった。それが本題ではない。それぞれ知った仲ながら、「日本経済評論社で本をだしたわけ」をテーマに自己紹介をかねて順番で話すことになった。それぞれに必然と言えるきっかけはあるのだが、誰それに紹介されてとか、誰々と飲みながらとか、ちっとも歴史的なきっかけではなかったが、人の縁の強さや暖かさを実感させられた。でもすごい人もいた。書き上がった原稿を名の知れた出版社に持ち込み、ことごとく断られたので、「あそこしかない」とわが社に持ってこられたのだという。当時、その原稿がそんな悲惨な過去を持っているなんて知らないから、気軽に対応していたのだろう。出す出さないの結論もださぬうちに、腹が減ったから飲みに行こう、となって翌日は出版を承知していたことを思い出す。これは稀な話だけれど、たまにはあるのです。みんな大笑いしたが、少しシンミリした一瞬だった。そんな話が一巡し

「なぜ出版をしているのか」と逆に聞かれることになった。何でお前は飯食うか、と問われているに等しく、返答に窮した。仕方なしに、わが社の来歴とか、事件とかを話した。履歴に賞罰もあるが、それに匹敵する数々の活劇はある。著者の言うことを信じて沢山作り、在庫が山のようになったこと、売れない本と印税額は反比例すること、倉庫の火事で放火と疑われたこと……もう独演になってしまった。ゆったりと、攻められるのではなく対話ができるなんて、とても楽しい一晩でした。

（二〇〇一・四）

出版は虚業なのか

出版という業は、根源的には資本主義になじまない。「会社」としては、他社を出し抜くとか、ベストセラーを出して御殿を建てるとかの、野心を実現させる基盤はある。だが、出版はその根源には知識を流布するという実業にはない側面がある。知識というのでは言葉がたらない。魂と言おう。著者や編者が、他者あるいは後世に伝えようとするものは、金で交換できるような代物ではない。だから、本を拵えると言うことは、現在か、ずっと先かは分からないが、誰かのためになのだ。それは一人にでなく二人、三人にと、より多くの人に伝えるという欲求も生まれる。出版は多量の金がかかる。この額が多ければ多い程、より多くの人へ、あれもこれも伝えたいという自己能力を越えた不遜な欲求となる。出版社をつくりたがる人種は世間知らずなのか、迂闊なのか。会社をつくったときから資本主義社会への仲間入りだ。資金ぐりだの、企画の不足だの、人件費のかかりすぎだのと、並の世間問題を抱え込むことになる。それがわかっていなかったとしたら愚の骨頂だ。社員はクビにできない。売上げは落としてはならないと、およそ、如何なる本を読者に届けるかなんて出版本来の問いを忘れて、銀行に頭を下げつづけることになる。

「社を再構築する」と言ったら、何人かの心配性から「そんなことして、大丈夫なのか」と便りをもらった。売れなければ食えない。顧問税理士は言う。「もっと売上げをのばさなければ危険だ」と。そうかも知れない。だが軟弱、右顧左眄の徒に「売る」だけのために本をつくりつづけることができるだろうか。再構築とは、外にあるのではなく、われらの内にある課題である。

（二〇〇一・四）

二足の草鞋を履く

歳には殆どの人が勝てない。まだ職場を去りたくないと思っても、定年は非情にやってくる。わが社で長いつきあいのある著者五人がそれぞれの大学を去った。和光大・原田勝正、専修大・麻島昭一、法政大・松尾章一、日大・岡田和喜、東大・西田美昭の方々。退職記念パーティーは、まるで同窓会に似て賑やかである。定年は葬式ではない。当然だ。会場のあちこちで「彼はまだまだ仕事をするだろう」とか、「いつまで保つかね」なんて励ましを含んだ私語が飛び交う。

四月のある日、経営史専門の麻島昭一さんの古希と定年を記念するパーティーに招ばれた。お集まりの顔ぶれはまさに学会の懇親会だ。会場で配られた「私の半世紀の記録」なる自伝はＢ５

判・七一頁に及ぶ大作。昭和六年の生まれは、敗戦の年に一四か一五の最も多感にして大食いの年頃。旧制浦和高校の体操部を卒業。この部の先輩に原田勝正さんがいた。原田さんの挙措を知る人は、真偽を疑うだろう。浦和高校同級の九割が東大へ行く。昔の浦高はすごかったのだ。

昭和一桁の人に先生は誰だったか、どなたの講義を聴いたかを伺うのは面白い。大内兵衞、矢内原忠雄、脇村義太郎、隅谷三喜男、山田盛太郎、丸山眞男、宇野弘蔵……麻島さんも次々とくり出してきた。どんな話で何に心を動かされたか。どんな講義っぷりだったか。興味の尽きない話だった。麻島さんは、東大卒業後、曲折を経て信託銀行に就職する。ここに居続けて仕事と研究という二足の草鞋を履き通すのである。麻雀もゴルフも断って酒だけつきあい（これで十分だ）、夜を惜しんで専門書を読みつづけた。二足の草鞋の先輩は森鷗外と、日銀にいた吉野俊彦さんだという。三井銀行にいて銀行合同史に一生を捧げた後藤新一さんもそうだろう。

一九七七年、専修大学に移り、草鞋を一足脱ぐ。財閥史、信託業史、地方金融史の三兎を追い一家を成す。三〇年近く前、月刊誌『銀行研究』にいた若僧の私が、住友信託銀行の一室に原稿を貰いに行ったことを、勲章のように思い出す。わが社で出した麻島さんの本、五冊、合計二六四一頁だ。

（二〇〇一・六）

リッパに生きる

一生近くを一つのことにつぎ込んできた人をみると敬服すると同時に、立派な仕事って何だろう、立派な生き方ってなんだろうと思う。並の人間は何事かを後世に残すために生き続けられるだろうか。立派に生きると言ったって、そのリッパってのは何だ。何事も残せず、新聞の見出しにもならず、警察のやっかいにもならずに終わるのが大抵だろう。末は博士か大臣に、なんて思わない人の方が圧倒的に多いのだ。とすれば、身近で聞く「オレ、こんな会社に一生いるんかなあ」とか「もっと何かができるはずだ」などというのは、何のためのぼやき、何たる自己判断なのだ。われわれには仕事を通してしか作り得ない人間関係がある。いい仕事をしようとしても、なかなかやれない。誰それと関係をもっているかが大事なのだ。

幻想かも知れないが、いい仕事のために考え合う他者との関係、この「共思」の関係が出来ていれば、本屋に限った事ではないが、豊かな日常をつくることができるはずだ。共思は共苦につながる。そして共楽へも連続している。たとえ貧乏会社でも、お互いの理性と感性を認めあい、よびかけあえる関係が構築されていれば、それは貧乏とよばなくてよい。もっとたおやかな文化を求める声が大きくなったのは、共思することを忘れてしまったわれわれ自身に気づきはじめたからではないだろうか。仕事をやり遂げていく過程に共思・共苦・共楽の重さを再認識したら、もう少しまっとうな会話が交わせるのではないか。インターネットと携帯電話にしがみつき、われわれは無意味な会話の分量を増やしすぎた。

わが家には、五歳になる子が同居している。孫だ。その彼が年初あたりから「俺《おら》あ」とか「俺《おら》のもんだ」とか第一人称を強調するようになった。ついこの間までは「お母さん」や「お爺ちゃん」とは言えても、己なるものを認識して呼んでいるようにはみえなかったが、このごろはちょっと違って聞こえてくる。他者の存在に気づいたか。「俺あ」に俺・私・我という主張の萌芽をみていいか。勿論、「俺」が確立されるまでにはさまざまな訓練が要るだろう。ただその過程でつかみとる過去によって「判断する」ことを獲得するはずだ。そうなれば大人だ。同時に彼は、老いゆく爺や婆のあり様をみているはずだ。育ちゆく者と消えゆく者とがその存在を見つめ合い、日々を確認していくこと。これは家族の最小限の作業だ。

（二〇〇一・六）

自由主義史観教科書

子どもの頃から「日本は悪い国だ、非道い国だ」といくつもの証拠写真と傷跡を見せられながら育てば、大方の少年少女は「日本は悪い国なんだ。センセイが言ってるもん」と答える子になるだろう。朝鮮併合、南京虐殺、従軍慰安婦などを例に、日韓両国、同じ教科書で教えたらどんな授業になるのだろう。事実を示して教える、とは大事なことだけれど、「何のために」が問題だ。この視点が欠けると過去が喧嘩の材料にされてしまう。アジア太平洋戦争の場合だと、まず日本の侵略や虐殺について、国として認め、被侵略国に謝罪することが求められる。この国としての態度・行為がないから「悪い国」だと言われると「どこが悪いか、戦争なんかどこの国だってしてるじゃないか。戦争は人を殺すのが仕事なんだ」と居直ることになってしまう。歴史は必ずしも正しくない。人間が歩む不甲斐ない過去を、不甲斐ない現代の我々が、どう受け継ぐのかというのが、歴史を学ぶということになるだろう。あれこれの出来事を暗記することではない。ましてや過去を自己誘導して、現実に引き寄せて語ることでもない。

特に、近代の歴史は国際関係の中で汚されてきた。国々に利害はある。利害関係のある他国の人命や財産を破壊したとき、あるいは破壊されたとき、それをどう語り考える教科書をつくるかだ。戦争によい戦争も悪い戦争もあるものか。戦争を始めた者の糾弾に態度保留は許されない。「あんな昔のことをいつまでも文句いわれるスジはない」とか、「世代が代われば問題は眠る」という態度でいる限り、アジア地域の日本の教科書に対する監視は続くにちがいない。

新しい歴史教科書をつくる会が編纂した「新しい歴史教科書」が出来て、文部省の検定も通った。「つくる会」の西尾幹二や藤岡信勝たちは、「現行七社の中学校歴史教科書の現状が、あまりに自国をおとしめる自虐的な内容におちいっていることを座視しえず」（宣伝ビラ）自由主義史観に則《のっと》り上梓したのである。この一文にある「自国をおとしめる自虐的な」という史観。これに否を唱える勢力は多い。考えてみると、今度のつくる会教科書騒動では、言論・表現・出版の自由といういわば反体制の武器が、彼らの武器として使用されてしまったし、家永裁判以来、反体制の側が反対しつづけていた検定制度が、つくる会教科書の推進装置として機能している。しかし検定制度がなかったとしたら、もっと多くの「新しい教科書」がつくられる羽目になったのではないか。こんな歴史の逆説みたいなことが運動している現場において起こってくる。

現行教科書を攻撃する本を出版して、結構な売上げをあげている出版社も多い。書名と社名をあげてみる。筆頭は扶桑社。次は、『こうして日本は侵略国にされた』展転社。ここは四つも五つも同類の本をだしている。『新しい日本の歴史が始まる』幻冬舎、『歴史教育を考える——日本人は歴史を取り戻せるか』ＰＨＰ、『二〇〇〇年度歴史教科書を格付けする』徳間書店、その他飛鳥新社、国書刊行会、クレスト社などが活躍している。

また、その反撃も活発に行われている。大月書店の態度には使命感さえ感じる。『現代史の真実は何か』『自由主義史観の病理』『南京事件と三光作戦』他。次に青木書店がつづく。『教科書から消せない戦争の真実』『戦後歴史学と「自由主義史観」』『シンポジウム　ナショナリズムと「慰安婦」問題』など。明石書店、かもがわ出版、晧星社、凱風社、梨の木舎……各社の健闘が光っています。

（二〇〇一・一〇）

意思表示すること

かつて、人々は黙っていた。人さまをおしのけて言いつのったり、へこましたりすることは醜いことだと教えられてきた。黙々と働きつづけることが美徳とされてきた。もの言えば唇寒し秋の風、さわらぬ神にたたりなし、いずれにしても「モクモク」でよかった。だが、誰かが口を開いたり、絵を描き、太鼓を打ち鳴らし、あるいはマイクを通して歌ったりしたとき、それに共感してくれる人のいることを実感したとき、人は自分の存在することに満足感を感じる。黙っていなくてよかったとも思うだろう。発言や表現は多様な手段を使って広がりつづけている。

戦後社会は一人ひとりが、みずからの意思をいかに表現するかを考えつづけてきたといってもいいだろう。それらを受けとめる側はそれら表現者に対して、適確に呼応しているだろうか。書や絵の展覧会に行っても、「うまいっ」とか「きれい」と言うことは出来るが、どこがそうなのかまでは、言及できないことの方が多いのではないか。社会の問題に対峙するときも、対峙するだけの言語、批評者の言語、対決者の言語を持ち合わせていなければならない。理解しようとする力、表現力といってもいい。これを身につけるのは生やさしいことではない。

小社の刊行物『ある家族の近代』の著者、木村千恵子はつぎのように言う。「大切なことは、自分自身や、それを取り巻く社会や世界のもやもやと、混沌とした状態を言語化して、ときほぐして整序すること。なぜ大学へ来たのか、学問とは何か、学歴とは何か、自分はどう生きていきたいのか……」、ムードで国政が動く今、この言語化の自覚は大事なことと思う。

（二〇〇一・一二）

火消しをふやす

小社も最初の本を出してから三〇年を越した。在籍する一五人は、それぞれの思いでこの時間を過ごしているが、辛うじてつながってきたことを知っている者にとっては、馬鹿息子が無遅刻無欠席で小学校を卒業したような気分もある。各社周年記念になると、いかにも順風満帆できたように装うが、有機体たる出版社が、頭痛や腹痛を二〇年、三〇年間に起こさないことはまずない。神田ビンボウチョウに順風が吹き続けることは稀だ。もし吹くとすれば、白山通りだけだろう。その通りには『少年ジャンプ』や『週刊ポスト』を出す版元、あるいは株式を上場する版元もある。風はその通りを一気に吹き抜けていく。わが社はそこからずっと離れて雉子《きじこ》橋や俎《まないた》橋に近い。なんだか料理にされそうな地域だ。今夏、商法に則り株主総会の場において取締役会を充実強化し、火事場に対応できるようにした。平時の危機管理！　経営は火を消すだけではなく、火をださないことの方が大事だ。仕事現場におけるくい違いや諍《いさか》い、衛生管理や冷蔵庫のビール管理まで、あれもこれも一人では間に合わない。零細企業では役付きになったからといって部下がふえるわけではない。柔軟な行動としなやかな発想をもとめた、この改革が効を奏するのはいつか。

（二〇〇一・一二）

鈴木書店の破産

二〇〇一年一二月一〇日、人文・社会科学書専門取次であった鈴木書店が、東京地裁から破産宣告を受けた。このニュースは新聞一面に四段ヌキで出たから、ご存じの方も多いだろう。資本金一二〇〇万円の会社の破産が、かくも大きく報じられるには訳がある。書籍の取次店は、いわゆる卸問屋で、出版社が拵えた本はここを通して全国の書店や大学生協に配本される。大取次はトーハンや日販で、こちらは書籍だけでなく、雑誌、コミック、グッズ、時には健康食品まで扱っている。鈴木書店は、戦後、岩波書店の本に感動した鈴木真一さん（故人）が創業した。鈴木さんは岩波の社章「種蒔く人」の前で朝礼三拝し、学術書・教養書の普及に生涯を捧げた人。少年週刊誌の荷崩れ防止に専門書をパッキン（荷物の破損・荷崩れ防止のための詰め物）がわりに使っている大取次とは出発からして異なっている。勿論、岩波の本だけを扱っていたわけではない。最終的には四〇〇社を越す中小零細出版社の本を動かしていた。戦後、と言っても既に五〇年を数える中で、岩波書店の出版姿勢も、学術・教養書の位置づけも変わってきた。今では、出版界全体の売上の六割が雑誌とコミックだ。本は消費財であり、娯楽であり、快楽と悦楽の対象と化した。そういう流れの中で、学術や教養といった分野の本と取り組むのは長期抵抗戦を強いられている感もある。

破産には諸々の要因はあろうが、雑誌を扱わず、硬派本だけで生きるには、あまりにも汚染した状況ではあった。岩波書店は重役を送り込み、借金の保証までして支援したが、無惨な結果となった。暮れに向かって売上代金を払ってもらえずまっ青になった零細出版が何社もあった。

二〇数年前、目黒・権之助坂の千文堂書店の店主と未來社西谷社長に挟まれ、私は鈴木書店の応接間にいた。スプリングの見えかかった椅子に掛け、西谷さんが私を指し「この社と取引してやってくれ」と鈴木社長に言う。千文堂のおやじさんも「そうしてもらいたい」と応援してくれる。私は危機に立つ出版社の責任者になったばかりであった。鈴木社長は取引了解と思える発言をしてくれたので、仕入れ担当者のところへ回る。担当は「危ない会社とは取引はむずかしい」と冷たいことば。社長の発言は無視され、取引は始めてもらえなかった。

出版の仲間は、小社も取引があったと思っているので「どのくらいの債権があったか」と聞いてくる。取引のなかったことを話すと、とたんに「よかったねえ」だ。何を言うか。鈴木と取引のないことで、どれだけの不利と劣等を強いられてきたか知るまい。大学生協は鈴木を指定して注文をくれるが、そのいちいちに取引のないことを説明してきたのだ。鈴木との取引なしでここまできた。今、鈴木の破産によって多くの零細版元の仲間が苦境にある。私も共に鈴木破産対策を考えたかった。なのに、取引なしではそれもおかしい。この悔しさ、寂しさは誰にもぶつけることができなかった。

東京大学出版会の『UP』にOさん《おー》が怒りを込めて書いている。「――鈴木倒産についての「総括」議論が続いている。そういう議論の中で気になるのは、自らが長らく鈴木書店の恩恵を多大に受けながら、倒産の責任を他者に帰すような論調が目立つことである……」と。わが資本主義社会は、他者を追い抜き生き残ることが紳士だけれど、共同や、共存、共生が真剣に議論されている今、倒れるヤツが悪い、負けるヤツに責任がある、といってみても何の役にも立たない。

（二〇〇二・二）

花長風月

新卒社員の目立つ時期がきた。気のせいか、今春は採用打診の電話がすくなかったように思う。採用予定があったわけではないが、打診もされないと、それはそれで寂しい。出版は学生たちにとって魅力ある業種ではなくなったのか。「売れない、売れない」を連発していれば、あきれられても仕方ない。

何年か前の話になるが、学生が企業を選ぶ基準は「花長風月」（花鳥ではない）だったが、今はどうなっているだろうか。花形企業で、長期休暇がとれて、社風がよく、月給が高いの意だ。われわれも意識の深層では、それらに応えられるよう働いて来たつもりだが、現実はかなり遠くにある。特に月給と長期休暇という目に見えて具体的な課題は手に負えない面もある。また花形というのを、知名度のある大企業との意味ではなく、読者や著者から信頼されていて、出版物も一定の品格をもっている出版社と考えたらどういう評価だろうか。胸を張って肯定できるだろうか。よい社風って何だろう。明るく、何でも上司や先輩に話せる会社……そうではなくて、自分の能力と個性に合った仕事ができて生き甲斐を感じる会社、あるいは世の中に貢献しているという誇りをもてる会社と解したらどうなるか。答えるには難しい。

出版は個の営みの集積であることに違いはないが、一編集者の発想や行動は、所属するカイシャによって制約される。それは人であったり、金であったり目標であったりするが、組織と自分との歯車がうまくかみ合ったときには思いもしない力も出てくる。かつて講談社文化や岩波文化、角川文化といわれた時代があったが、それを形成出来たのは、編集者や経営者の意志を越えた、生きものとしての企業の意志が強く発揮できたからだと思う。うまく言えないが、カイシャが、ひとりひとりに鉄の団結など求めないのに、めいめいが自分の仕事をしていて、それがうまく統合されている状況を作り出せたのだと思う。
わが社はどうなっているのだろう。春に、少し自社のことを考えた。

（二〇〇二・四）

新刊バブルと倉庫

書籍倉庫が満杯になってきた。本は本体だけでなく、カバーや帯、短冊など小物が付属していて、その整理と保管は思いの外気配りが要る。一年間の総発行部数と新刊・在庫の総実売部数が同じなら、倉庫は増減しない。小社の新刊は年間六〇点、初版平均一五〇〇部とすると、約九万部となる。この部数を売っていない証拠が在庫増となる。専門書は息が長いと言い聞かせて、とっておこうとする。廃棄の衝動に駆られるものもあるが、したたかに生き残るものもあるので判断はむずかしい。倉庫の隅の暗がりの中でうめいているのが息が長いと言うなら、たまには、はい出してきて生きていることを証してほしいと思う。

こんなことをぼやいているところに、昨年一年間の単行本新刊発行点数が集計されてきた。全国の新刊出版物総数六万九千点。新刊バブルと言ってもいい。出版社はとにかく本を作り、流通させておかないと、次の本も作れないし、給料もはらえない。このバブルは拡大する一方だ。小社のものだけ乱造ではないと主張できるだろうか。新刊を減らして食っていける腕をもっているだろうか。

（二〇〇二・四）

前号で在庫のことに触れたら、何人かの方から電話やメールをいただいた。捨てられるのではないかと心配された方もいたようだ。ゼミで使うよと在庫減らしを約束してくれた人もいて嬉しかった。質問もあった。「何冊なら適正在庫なんですか」「断裁にはルールがありますか」と聞いてきた人もいた。答えながら苦笑した。処分するのは身を切られる思いをしています。

（二〇〇二・六）

中国人留学生の帰還

去る四月一九日、中国からの留学女子学生・林燕平《リンヤンピン》さんの出版祝賀会が開かれた。小社から刊行した『中国の地域間所得格差の研究』、分厚い本だ。会場の国際文化会館の広間に集まった結構な名士たちを前にリンさんのあいさつがあった。会場が水を打ったようになった言葉の一部を紹介する。

「思えば私は、一二歳で文化大革命を経験し、二四歳で大学、三六歳で東京大学の大学院に入学した。他人よりも遅い出発で、いわば私の学問は学校からではなく、社会から学んだのでした」「どのような学問にせよ、芸術にせよ、すべてが人間の手技《てわざ》によって成り立っています。私が追い求めてきた「地域間所得格差」の問題も、そこにかかわる産業構造、人口、教育といった三つの要素についても同じことが言えます。つまり国家の成長は社会における人間成長と非常に似ています。そこには、人間の一人ひとりは、それぞれの差異を持ちながら、複雑に絡み合って存在していると申し上げたいのです」「中国の経済発展の中であらわれた所得格差の問題も、経済上の問題だけでなく、背後にある四千年の歴史や、九六〇万平方キロにおよぶ広大な国土、五六の民族からなる一三億の人間が相関的にかかわり展開されてきたのです」。

リンさんは次の言葉でしめくくる。

「社会科学の分野における研究者は、人間社会の考察に当たって、つねに表に現れた面だけでなく、その裏にあるものの相関を追求していかなければなりません」。そう言ったあと、今度の本をまとめながらも、疑問が生じなかったわけではないと告白した上で、「折りしも本年は日中友好三〇周年にあたります。これは大切なことですが、それよりも大切なことは日中の人々が人間同士としてお互いの気持を語り合うことではないでしょうか。国家はあくまで抽象概念であり、一人の人間は具体的な存在だからです。社会科学の基本的な視点はここにあると思います」。言葉も不十分なまま来日したリンさんだったが、一〇年を越す挑戦で博士号を得て中国に還ることになった。本国での活躍を祈ります。

（二〇〇二・六）

誰でも本は出せるが……

六月末、三二年目の決算をした。税金も納めいま少し落ちついた。出版も他の業種同様、商況は厳しい。決算内容も厳しく、世間に胸張れる代物ではない。その幸薄い損益計算書を懐にぶち込んで飲む神保町の夜は暗い。カウンターの隣から「つぶれなかったからいいじゃないか」と不遜な慰め顔が言った。「そうさ、生きてりゃいいのさ」と河島英五風に応じ、深更まで飲む羽目になった。

出版社別出版点数のランキング表が発表された。このランキングの中で瞠目するのは、第二位を占める文芸社である。どんな出版社かご存じだろうか。一位はもちろん講談社。二〇五二点。文芸社一七五六点（四年ほど前は一七二点だった）。同社の主たる出版物は自費出版本（個人出版という人もいる）である。「あなたの原稿を募集しています」って、新聞に大きな広告をだしているところ。本が売れないと、どの社も泣きっ面をしているときに、講談社に迫り、三位角川書店を六〇〇点以上引き離している。

出版は自由であり、言論も自由だ。われわれは敗戦と引き替えにそれらのものを獲得した。誰もが本を出せるのは、この自由の故だ。そしてまた、われわれは本を出せる経済力と文章力も手にいれた。何のために本を書き、出すのかはそれぞれの人の内にある。わが胸深く封印し、誰にも語らず、なんにも書かないで死んでいく人の方が圧倒的に多い。しゃべることで壊れるもの、書くことで気化するものもあろう。こんなことは二の次にして「結構な原稿です。すぐに本にしましょう。お見積りはコレコレです」という段取りに乗る人の多さを物語っている。

言いたいことがまだるっこい。本が売れないのは事実だが、出版企画の段階で、著者の買い取りとか、出版費用を持てだとか、そういうことを本を出す前提にしていないか。かつては、経営的には一つの戦略だったが、ただし部分だった。それが不況と出版社の無気力もあって、一挙に増幅したかに思える。著者の原稿は仕入れであり、仕入れには本来代価が支払われるべきものなのだ。「この本は売れないかもしれない」との懸念があるとき、出版費用についてのやりとりは多々ある。そういうことがあるにせよ、著者が出版費用をもつのが「前提」であってはならない。自費出版を主とする出版社は文芸社だけではないが、その一群の隆盛を羨ましそうなまなざしでみつめるのはやめよう、とわが身に呼びかける。

（二〇〇二・八）

難儀する翻訳書

わが社刊行物の中に、一二〇点ほどの翻訳書がある。シリーズでは『ポストケインジアン叢書』『近代経済学古典選集』がある。翻訳書の刊行には思いがけないほどの年月を要することがある。原著を前に訳者との間で、おおよその脱稿時を決めるのだが、なかなか予定通りにはいかない。数年間も進捗しないことがある。訳者が、公的仕事に追いまくられるハメになったとか、家族の具合が悪くなったとか、理由は理解できるが「お手伝いしましょう」とは言えず、ひたすら脱稿を待つ。あまり進まないと「投げたかな」とちらっと思ったりもする。それは口にはしない。後日訳者のあとがきに「辛抱強く待ってくれた……」なんて書かれるのは、相当のウラがある。

小社で最も長期の時間がかかったのは、一九九八年刊行の『リカードの経済学』（上下）である。一九七九年の原著、翌年監修者を含めて一六人の翻訳チームを結成、訳業は順調に進んだ。八五年に訳稿が出揃い、八八年には校正を終えて紙型（印刷用鉛板をつくるための紙製の鋳型）もとった。「あとがき」をつければ完成だった。その仕上げの原稿を書くために訳者のひとり大阪大学の山下博さんが全文に目を通した。山下さんは訳文の不統一と誤訳に驚き、このままでは本に出来ないと判断、ご自分で全部を点検することを決意した。この意を伝えられた監修者や翻訳分担者はもっと驚いたに違いないが、山下さんの宣言を承諾する。大変になったのは山下さん。来る日も来る日も、ゲラとの格闘が始まった。われわれはその決意と覚悟に圧倒されて、一度は作った紙型だったが、それを捨てることを承諾した。その過程で山下さんは原著の誤りまで指摘してきた。そしてまた数年、総頁一〇五五頁の大作は一九年の星霜を踏んで陽の目を見た。山下さんと担当編集者清達治の達成感は一入《ひとしお》だったに違いない。

いくつもの問題があるにせよ、翻訳作業の進捗が中継放送されるとしたなら、その遅延は理解できる。訳者と出版社の関係は、この相互理解のうえに成り立っている。別の言い方をすれば、誠実とか正直の中にしか出版物は誕生しないということだ。これが壊れたときどうなるか。

ジェフリー・ジョーンズの大作『イギリス多国籍銀行史』の翻訳を決めた。お仲間で分担して訳そうとしたのだが、その中の一人が「私ひとりにやらせてくれ」と言った。仲間はそれを承知した。名乗りでたその人は、熱心だったので全面的に任せた。それが九五年のことだ。時々進行具合を尋ねると「やってる、やってる」でそれを信じた。しかし時はどんどん進んでいった。原著の版元から二度も翻訳延長のための追徴金を要求され、急《せ》かされた。そこで、件《くだん》の訳者に今まで仕上げた仕事の全部をみせてくれ、と要請した。が、何もだされてはこなかった。何らかの事情はあったのだろうが、仕事をしてきたアリバイがなかった。われわれは訳者を替える決意をした。彼との糸は切れた。翻訳書がみんなこうではないけれど、訳書が刊行されるまでに、こんな苦痛な物語もある（この本は、明治大学の坂本恒夫さんに引き継がれ、氏の指揮のもと二〇〇七年の刊行となった。一二年もかかっている）。

（二〇〇二・一〇）

復興期経済資料の完結

敗戦による政治的混乱と経済的貧困を一気に乗り越えようとする、戦後の革命的（？）経済計画「国民所得倍増計画」が閣議決定されたのは一九六〇年の暮れであった。失業者を完全になくし、月給を倍にすることを目玉に高度成長を成し遂げた計画である。「国民所得」と「サラリー」とは別の概念だが、あまりにも腹の減っていた国民は月給倍増が約束されたと錯覚し、増産に邁進した。この全過程を網羅した資料集が完結した。四年の日時を費やし、全九一巻となった。一九九〇年一一月七日、東京大学に林健久さんを訪ね、何かをおねだりしたとき、「そんなことより、これをやってみないか」と提案していただいたのが、経済安定本部の資料だった。四〇万枚もあったガリ版刷りの資料の整理と刊行だった。仕事の進行につれ、後に引けなくなったことを何度も味わいつつ今日にきてしまった。こうなったら、戦後復興期の経済計画資料を残らずやろうと腹に決め、ＮＩＲＡ（総合研究開発機構）と細かな連絡をとりながら、進めてきた。後に引かず今それが終わった。刊行順に並べてみる。

①　経済安定本部　戦後経済政策資料（四一巻）

②　経済審議会・内外調査資料（一五巻）
③　戦後経済計画資料（五巻）
④　財閥解体・集中排除関係資料（四巻）
⑤　国民所得倍増計画資料（九一巻）

関連史料として、

⑥　戦後物価統制資料（八巻）
⑦　戦後復興期経済調査資料（二〇巻）
⑧　戦時・戦後復興期住宅政策資料（全六巻一八分冊）
⑨　片山・芦田内閣期経済復興運動資料（一二巻）
⑩　日産協・経団連月報（一八巻）

と続いた。合計二三三巻（計五四〇万円）になる。これらの仕事のはじめから終わりまでご指導いただいた林健久、伊藤正直、浅井良夫、岡崎哲二のみなさん、そして大森とく子、伊木誠、明石茂生さん。深甚の御礼を申し上げます。購入して応援してくださった全国の図書館各位にも御礼申し上げます。

（二〇〇二・一二）

同時代史学会の創立

昨年暮一二月八日、同時代史学会の創立大会が開かれた。朝九時開会という強気のスケジュールにもかかわらず、結構な数の人々が九段の嘉悦学園につめかけてきた。この日に先立って、四月に創立準備大会なるものが企図され、一定の感触をつかんでいた準備委員諸氏は、この勢いを背にしてのこの日であった。シンポジウム「同時代の中の戦争」は司会天川晃、黒川みどり。報告者油井大三郎、姜尚中、雨宮昭一。議論をふっかけていったのは、多木浩二、和田春樹、吉見俊哉の面々。「戦争」ではなく、戦争が終わったあとの日本やアメリカ、あるいは日本人やアメリカ人について「同時代史的」にどう考えるかに重心が置かれた議論であった。委細は学会からの報告に譲るが、同時代史は、いかなる方法で語り記録されていくのか、あるいは同時代（史）をみる角度、深度、距離はどうなのかといった、この学会の基本的テーマになることがやりとりされていた。シンポジウムにつづいて、「澤地久枝と同時代史を語る」と銘うった特別企画が組まれ、澤地さんは美しく語りつづけた。五味川純平の資料助手時代の経験から得た資料の見方・証言の信憑性等にふれながら同時代史は国境をこえなければならないと、力説された。もちろんあちこちで三宅雪嶺の『同時代史』は出てきた。岩波書店が五年がかりで刊行した雪嶺の主著、三二〇〇頁。品切れ、絶版だろう。引き続き懇親会へ。この会は、センセイとよばず、「さん」でよぶことを約束していた。創立成ったばかりの懇親会は明るい。長老格も青少年も、回るお神酒《みき》は五体に早い。女学校の食堂はカラフルで雰囲気はよい。頭が朦朧としてきたところに、会の幹部が近づいてきた。この学会の「会誌」や「年報」の発売を引き受けた。前途の洋々たることを祈ります。

（二〇〇三・一二）

そんなこと、なんだけれども

ブッシュが仕掛けたイラクへの戦争は、五〇日たらずのうちに終結宣言がだされた。戦争の大義にそれらしきいくつかを挙げたが、そのいずれもが屁理屈だ。圧倒的な物量で、他国を瞬時に制圧して「われわれは自由のために戦い、それを手にした」と宣言するブッシュの顔はどう見ても誇り高き面ではなかった。

イラクに軍事行動が開始されて間もなく、「NO　WAR！」と大書したアピールをわが家の二階に掲示した。反戦集会や講演会の誘いも受けていたが、腰は重かった。毎晩、焼酎を飲みながら戦況を知らせるニュースを見ていて、何か後ろめたさを感じている自分がいた。こんな思いがこのアピールとなった。こんなことしか出来ないのだな。妻は笑わなかった。ある晩、飲み屋で親しくしている編集者に、このことを話した。その彼、「そんなことして何になる、何もかえられないよ」と。こんなこと、そんなことの類ではあるが、その否定的なもの言いが癇にさわった。判っているけど、それしか出来ない私です。

戦争を体験していない日本人が大半となった。「大東亜戦争」に敗北して、もう六〇年近い歳月が流れている。この間、日本は交戦していない。たいしたことだ。戦争が好きな人はいない。それでも戦争は起こされる。戦争が仕掛けられる背景には、いつだって貧困と不景気と不安とがある。それを取り除くため、と言って名分をつけ領土や資源の略奪に走るのだ。今度のイラク戦争だって、自由のためにだけでアメリカが派兵したとは思えない。日本には平和憲法がある。だから出兵できない。それをもどかしがっている勢力はある。有事法制だ、個人情報保護だという中にもどんなたくらみが隠されているかわからない。シマッタと事が起こってからでは間に合わない。われわれは日常の中に、出来ることの精いっぱいを意思表示しておかねばならない。そんなこと、なんだけれども。

（二〇〇三・六）

神田村滅亡

神田神保町が大きく変わっている。かつて、神田村と呼ばれた出版小取次が蝟集していた地域が、ある日ブルドーザーによって広大な広っぱにされ、またある日、大型トラックによって大量の鉄筋が運び込まれ、たちまちにして一〇階建てのビルが三つも出来てしまった。完成は近い。大手町が神保町にくっついてしまったのだ。神田村は暗記《そら》では地図がかけないほど入り組んでいた。路地はもうない。二〇歳まえから入り浸っていた飲み屋も、量だけで味の悪かった中華ソバ屋も、彼女と話し込んだ小さな喫茶店も消えた。進歩って何か、発展とは何だ。変わり果てた街に佇み、人間は取り返しのつかないことをしているのではないかという思いがよぎる。人は厖大な集積をもつ過去を背負っている。日々の暮らしを工夫し、餓死から逃れるためにさまざまな労働をし、病気と闘い歴史をつくってきた。敗戦以来の、このゴミゴミした街に総ガラスのビルをおっ建てるのも人間の力、労働の成果には違いない。だが、この巨大な箱の中で何を生み出そうとしているのか。これが肝心だ。

そのビルの足元で、古本屋や零細出版の親父が「売れない」を挨拶代わりにして行き交っている。じっと神保町をみていると、出版社や新刊本屋よりも古本屋の方が元気があるようだ。バブルがはねた頃、どこそこの親父がビルから飛び降りただの、いい人をつくってどこかへ行っちゃっただのと世間並みの出来事はあったけれど、今は落ち着きを取り戻している。貧乏を売り物に、開店する古本屋も多いらしい。巌南堂も秦川堂《しんせんどう》も三代目だ。安後派（安保闘争後の世代）がネクタイをピチッと締めてすずらん通りを闊歩している。パソコンのいじれない世代が引っ込み、ネット青年が表舞台にでてきたということだ。ネット古書店もある。パソコンと在庫と古物商の許可証だけで開店できる。そして昼は勤めて夜だけ対応しても商売になるという。もう本屋は歯をくいしばって修業するようなものではないようだ。

ところが、一昨年閉鎖した専門書取次・鈴木書店の残党《いきのこり》七人がＪＲＣ（人文・社会科学書流通センター）なる取次新会社を作った。二月にお披露目会があった。未來社や論創社、影書房といった論客社長が応援の弁。振舞酒に酔ってた人もいたけれど、どの社も本がうれていないものだから、販売につながることなら何でも使ってやろう的に真剣な会でもあった。会がはねて、近所で飲み直しながら、「七人が食っていくのは大変だろうな」と合意。それはそうだ。当の出版社が売れなくて喘《あえ》いでいるのだから、大変は覚悟の上だろう。「本をさわって生きていけるのが嬉しい」と涙声で謝辞を述べていた社員がいたが、本はさわっているだけじゃ生きていけないし、読者に渡ってこそ本になるし、生きてもいける。奮闘を祈ります。

（二〇〇三・四）

日新堂逝く

小取次の中では古株になる日新堂書店から、倒産予告が届けられてきた。鈴木書店が閉鎖したのはつい一年前のことだ。日新堂も今年に入ってから仲間内で「支払いが延ばされた」とか「減らされた」とかは噂になっていた。小社も少額ながら毎月の取引はあった。集金は滞ったことはない。振込ではなく、集金日に、親父の手から小切手を受け取るのだ。お互いの顔色を見合って。商売の大小を別にすれば、日新堂はいい取次だった。取引の開始も相寄る関係だったし、支払いも委託も強要や嘆願はなかった。やりにくいこともなかった。他の取次の穴を埋めるに十分な仕事をしてくれていた。その友好的とも言える日新堂から前ぶれもなく電子メールでの、弁護士事務所の手による一片の倒産予告である。何十年かにわたる円満取引だったのに、当人たちの声が聞けないのは残念というより腹もたつ。

会社は倒産することはある。企業社会がつくりだす弱者と強者、貧と富、敗と勝、まるでオセロの表裏のように分別されてきた。そして弱者や敗者は悪とさえ言われた。ジェントルマンは富める者の別称であった。だが、この二分法的思考は実態の世界では時代錯誤になりつつあるのではないか。零細な工場の親父が経営に失敗し、家も工場もとりあげられ、路頭に放り出される。家族はバラバラ、子どもたちは不幸な青春を送る……こんな話はあってはならないのだ。この図式は失敗すなわち抹殺であり、親父がもっていた経験や特技は二度と活かすことは出来ない。工員と夜なべしながらやってきた親父が何故に……と思うのだ。だからこそ、協同福祉社会への展望があるのではないか。

話がそれた、日新堂のことに戻す。倒産は悪ではない。しかし敗者の守るべきルールは頑《がん》としてある。永い取引の中でつくられてきたものは信頼のただひとつ。それには「儲け」がからんでいるが、支え合ってきた時間なのだ。一方的ではない。日新堂は経営の不具合を頼るべき出版社の一、二に相談したか。銀行と回生の方向を探ったか。自分の努力を周囲に認知させたか。取引先とは一夜明ければ債権者だ。この人々にどれだけの理解を得ていたかなのだ。出版社で言えば、印刷、製本、紙屋、広告業者そして著者群に社の内実と危険度をどれだけ開示していたか、となる。会社更生法や公的資金の投入などには縁遠い、零細のわれらに必要なものは誠実以外の何ものでもない。人が取引していたのだ。敗者たりとも、また生きて行かなければならない。明日の道のりにとってもこの誠実であることは宝となって生きるはずだ。倒産の決意を社員に知らせていたのか。誰にも知らせずの倒産だったとしたら、社員が日新堂一族を恨むのは、逆恨みではない。

（二〇〇三・一二）

失敗の歴史に学ぶ

「自社の栄光と失敗の歴史を知らずに、自社の未来は語れない。自社をいい出版社だと思わずして、渾身の企画がたてられるか……」飲み屋の薄明かりの下で熱っぽく語り続けるのは、筑摩書房の編集者渡辺英明さん。

筑摩書房はつい一〇年ほど前までは、飲み屋で必ずといっていいほど話題になった、古田晁《あきら》の創業した人文系の名門書肆である。二五年ほど前、その筑摩が倒産した。その当時を知っている現役編集者も少なくなっていることだろう。当時の小社は出版界に仲間入りして間もなくだった。信用金庫の職員向けのテキストだの図書館向けの資料集だのを拵えて細々とやっていた。筑摩の『文学全集』や『文学大系』『個人全集』といった重厚・豪華な造本と、ハデ派手しい広告には同業なるがゆえに、ヤキモチ心も多少あった。「チクマさまにはなりよもないが……」と酔ってくだを巻いてもいた。その筑摩が倒産したのだ。社員も二〇〇人は越していたろう。負債もわれわれには想像もつかない額だったに違いない。爾来二五年、神田小川町の本社ビルの売却や大幅な人減らしなどは人づてに聞いた。なじみにしていた飲み屋もツケが利かなくなったとも聞いた。二五年という時間は確かに永い。この永い時間の中で、筑摩の人々は世界をどう見つめていたのだろう。ことしの初めに自社ビルを買ったと聞くに及び、仰天と同時にしんみりしてしまった。その間のご苦労に思いが至ったからである。冒頭の渡辺さんは零細出版にいて、筑摩へは中途入社だという。その生え抜きでない渡辺さんが自社の失敗の歴史をよく承知しておこう、と語りつづけるのだ。

小社の過去も必敗の連続であった。連戦連敗、これが人間の歴史かと思えたこともあった。あれは一九八〇年の暮れから翌年にかけてのことだった。急激に資金繰りが悪化し、首がまわらなくなった。社員は三人に減ったが、こちらも建て直しにかかった。一応の均衡を得るのに七年三ヵ月もかかった。この小さな体験があるがゆえに、筑摩の再建、自社ビル取得ということの意味と達成感とが推し量れる。

ピンチや不況になると、人は単純化を求める。学術書も平易に、図や表やイラストを入れて、本来の学術用語まで抹殺してしまう人もいる。また、丁か半か式の二分法も台頭する。拉致、イラク、テロ……いいか悪いか、あっちかこっちかで判定し、ことの根源やよってきたる経緯を考えなくなる。こういう時代に合致する本造りはあるのだろうし、対応できる智恵も持っていたろうが、筑摩の郎党は、自社の歴史に学び、そうしなかった。かつての戦艦大和型の企画はやめて、小型でも取っ組み合いに強そうな本ばかりを一線に揃えた。われら他山の石とできるか。

（二〇〇三・八）

憲法をおちょくる首相

自衛隊がイラクに派遣された。首相の小泉純一郎が派兵したのだ。小泉はこの行動の正当性を、記者会見で、憲法前文を引き合いにして、得意気にしゃべる。「いずれの国家も、自国のことのみに専念して他国を無視してはならないのであって」を、テロリズムに対するアメリカの報復攻撃は、他所のことではなく、わが国にとってもこれに加勢することは正当な国際協力だと言い換える。さらに前文の主題をはずして、「日本国民は、国家の名誉にかけ、全力をあげてこの崇高な理念と目的を達成」し、「国際社会に名誉ある地位を占めたいと思ふ」のだと都合よくまとめる。前文は、派兵の正当性を裏づけるために守られてきたのではない。主権在民、平和の保持、そのための国際協調が美しい言葉で綴られている。アメリカに追随したり、派兵を正当だとする論理が入る隙間など、どこにもない。欺瞞的言辞で、前文を引き合いに出すこと自体、冒瀆ではないのか。憲法は、前文も、九条も公布されたときから、苦闘し敗北を重ねている。軍隊の創設も、軍備の増強も止めることはできなかったが、それがあることで、戦争に否を唱える人々にどれだけの勇気と行動力を与えてくれただろうか。必敗の運命にあった前文だからといって、それを「空文」と言ってはいけない。議会の多数を占めるからといって、強引に改憲してはならない。それにしても、一国の元首たる者が、自国の憲法を、白昼堂々と手ごめにしているのを、マスコミが糾弾の筆を執らないのはどういうことか。事の重大さを国民、特に青少年子どもたちに伝えねばならない。戦争はいけない、頼まれても戦争に加担してはいけない、頼まれもしない国にまで出かけて世界のならず者につき合ってはいけない、と。

（二〇〇四・二）

いい会社ってどんなとこ

一年浪人した一九歳の青年が、センター試験の出来が悪く、進学を諦めて就職したいと言ってきた。飲み屋に呼び出し、焼き鳥を食べながら就職相談。どんな仕事がしたいか。コンピュータ系がいいな。そこで何すんだ。ソフトをつくりたい。銀行だの商社といわなかったのでホッとした。業は何でもいい。だが、どういう職場がいいところかを考えよう。お前さんの祖父《じい》さんや祖母《あ》さんは、戦後すぐの空腹から抜け出すためにガムシャラに働き、知ってるかい、高度経済成長というのをやり遂げ、腹いっぱい食えるようになった。このガムシャラ街道をつっ走りながら、いい学校→いい会社→いい家庭→いい一生という幻の図式を作り上げてしまった。やがて実態のないマネーゲームが始まり、泡沫経済は破滅。そしてわれらは、衣食足りて礼節を忘れた。だから落ち着いて考えよう。今はそういう時期だ。ちょっと見で会社の善し悪しは判らないが、あまり競争を煽らない会社がいいね。いい会社の条件は何だろう。

① あいさつが飛び交っている会社
② 元気な年配女性が沢山いる会社
③ 社長の後ろに売上の棒グラフなどが貼ってない会社

これは、社内が信頼でつながっている会社、仕事を数字で示して査定をガチガチやってない会社ということになるかな。働く者の心得は、うんと稼いで、うんと消費しようとしないこと、他人の上を行くのは疲れるし、人を疵つける。他人と同じものでいい。他人よりいいもの、いい暮らし、そういうものに右顧左眄するな。そこそこの収入で豊かに暮らす技術の習得も人間づくりには欠かせない。コンピュータは何も教えない。人の肌、声、手から学べ。手抜きを教えるものは本屋の棚に揃っている。『早わかり……』『ダイジェスト……』の類は遠ざけたほうがいい。自分の前途が早わかりできるわけではない。『自分を見つける法』『金持ちになる法』『女の口説き方』こんなの読んでうまくいった話は聞かない。古典とされる文学書、名作といわれる伝記を読みながら就活してほしいね。煮込み、お代わりするかい。

（二〇〇四・二）

言論の封じ込め

『週刊文春』に販売禁止の仮処分決定が出された。田中真紀子衆院議員の長女の私生活に関して、プライバシーか表現の自由かという権利の問題である。週刊誌は一週間単位で新刊となり、発売から三日もたてば、殆どが売り切れか廃棄の運命にある。週刊誌の生死にはスピードがあるのだ。販売禁止はもってのほかだが、司法の待ってましたといわんばかりの、対応の早さに異常を感じた。国家というか政治体制は常に新聞・出版・雑誌という報道については、敵視に似た眼差しを持っているように見える。最近の動向から考えても、政治の力が司法の判断を左右していないか、と言いたい。今、人権やプライバシーの保護が声高に叫ばれているなかで、表現や報道・出版の自由がかなり危うくなっている。

ながい間『朝日新聞』をとっている。無理して広告も出している。その『朝日』の三月中旬の夕刊「素粒子」さんの言はいただけない。ニューヨークタイムズがペンタゴンの秘密文書の中身を掲載しつづけたことを高く評価するあまり、こう筆が滑る。「彼らは『志』がみなぎっていた。いま週刊文春の『志』とは何か。『表現の自由』とか『国民の知る権利』をふりかざすには、あまりに脆弱としか言いようがない」と。週刊誌はあまり好きではないが、あまりにも週刊誌とそのライターを小馬鹿にしてはいないか。志の高いのは朝日で、志も感じられないのが文春だとでも言いたいのか。

言論の自由とは、何の制約も受けず発言していいというのが原則だろう。ただ言ったことには責任をとるということが待ち受けているのだ。何かを言う前に公権力が出動しそれを封じ込めることが問題なのだ。そこには言論の選別がある。合格する言論と不合格の言論なんてあるわけがない。出版でもおなじような理屈がある。いい出版・悪い出版、高級な出版・下品な出版、こういう基準《ものさし》は「言論の自由」を獲得しようとしている者は、持ってはならないモノサシなのだ。あらゆるものに接して、自らが断を下せる知性を持ちたい。その上で、われわれは快楽と理性をコントロールできる「人」となることができるのではないか。「国体」批判の本は発禁で、その代り「教育勅語」を暗記させられた時代を思いかえしてみるがいい。何を読んでもいい環境があって、何も読まなくてもいい社会の方がよっぽどましだ。

（二〇〇四・四）

拉致された五人を取り戻す

小泉純一郎首相が、北朝鮮に拉致されたままの家族を取り戻しに、二度目の北朝鮮行きを決行した。五人を取り戻し日帰りで帰国した。これは「成果」だ。新聞もテレビもこの「成果」をめぐって議論は沸騰した。「拉致された者を奪い返しに行くのに、手土産をもっていくのはどんなものか」と、家族会の人びとは語気を荒らげていた。「手土産ではない、国際貢献だ」と強弁しても迫力に欠ける。日本では首相の訪朝を拉致問題解決そのものと思ってもよいほどの認識だったし、首相も当然それを議題にしたろう。だが、北朝鮮側ではそれは予測していたし、答えも用意していた。「再調査しましょう」だ。あの国のあの男が、承知していない何事かがあるのだろうか。調査せずとも分かっていることではないのか。五月二二日の『朝鮮日報』は、拉致問題には一言も触れず、会談の様子を次のように伝える。「……（首相は）又、今後日本は、反朝鮮「制裁法」の発動を中止し、在日朝鮮人たちを差別せず友好的に対していくということと、両国間の信頼関係回復のため朝鮮に対する人道主義支援を即時再開し、コメ二五万トンと一千万ドルの医薬品を提供することについて確言した。この会談は歴史的な出来事となる」と。支援を受ける側がそれを強要している雰囲気がある。外交はわれわれ一市民には計りがたい呼吸や手法があるだろうが、見えている部分だけを見ても、首相の訪朝「子どもの使い」に見えなくもない。

（二〇〇四・六）

やむなく、ということはある。しかしそうではなく、積極的にこの国を「戦争を欲している国」にしようとしているように見える、最近のわが元首である。この三年、小泉の威勢のいい口吻に「何かが変わるかもしれない」「何事かを変えてくれるかもしれない」と多くの人が支持をした。七月、参院選。「あんたに従いていくのは不安だ」と、かつての支持者がＮＯを表明、民主党が躍進した。何も憲法九条や自衛隊イラク派兵だけのことではない。年金未払い問題についても、「人生いろいろ」と小バカにしたような言辞を吐き、必要な説明についても、時間がないで押し切った。何兆円もの借金にくるまれながら、居直りや傲慢はこれからの政治には通用しない。二一世紀の政治と政治家は相互理解を求めようとする誠実さをともなう信頼が不可欠であると確信した。

（二〇〇四・八）

ある少年の闘病

少年は聡明な小学生であった。特に理科が好きで、街にうごめく虫や蛾の類をことごとく固有名詞で呼ぶことができた。われわれが、道端の草を雑草と呼び捨てるような大雑把さはなかった。「雑草」という草がないと同じように、「虫たち」という虫も彼の図鑑にはなかった。小さなもの、もの言わぬものにやさしい眼差しを向ける子だった。高学年になったとき、ネフローゼと呼ばれる奇病にとりつかれた。この病はむくみを伴い、体型に変化を起こし、見た目は悪い。学校には毎日通わなければならない。通学路にはいろいろなおばさんがいる。好奇の目で彼が通り過ぎるのをじっと見送る人もいた。耐えていた彼だったが、小さな心の限界は間もなくやってきた。「お母さん、ボク学校に行くのいやだ。おばさんたちの目がこわいよ。もう外にでたくないよ」。母はとまどった末に、次のように助言した。「お母さんが一緒に行ってあげてもいいけど、一日中一緒にいられないでしょう。明日の朝、そのおばさんに会ったら、あなたの方から、〝おばさん、おはよう、ボク今日も元気だよ、いってきますね〟って言ってごらん。おばさんはきっと返事してくれるから」。彼は勇気をふるって翌朝出発し、母の助言を実行した。うまくいった。学校も楽しくなった。ひとつの挨拶が、おばさんと彼の距離を一気に縮めた。

……中学生になっても、病は彼から離れなかった。むしろ、症状は昂進して大病院に入院する羽目になってしまった。来る日も来る日も食べるように薬を飲まねばならなかった。母は川向こうから、仕事を終えて毎晩顔を見せた。薬を飲み続ける彼もつらく、それを見つめる母も親甲斐《おやげ》ないと思った。ある日の夜、母の前で、彼が突然叫んだ。「ボク薬飲むのはやめたっ。このまま飲み続けたらボクが薬になっちゃうよ。いまから一粒も飲まないっ」。こう言うなり、薬袋をドアに向かってなげつけた。薬の粒が飛び散った。母は呆然として息子の仕草を見つめていた。薬を拒否した彼に、医師も驚いたが、飲まなくなった翌日から、症状がみるみる善くなってきたのだ。医師は理由もわからないまま引いていくむくみを、わが処方のように喜んだ。退院は間もなくできた。彼は病に克ち、近所のおばさんたちから「いい男だねえ」といわれるほどの好青年になった。挨拶と己の意志を梃子《てこ》にして、未来を切りひらこうとした一九歳の青年の実話。母は、わが社で働く菊地チヤ子です。話を聞きながら、クーラーが利きすぎていたか、洟水がでてきた。

（二〇〇四・八）

「ひしょう」のママ

たかが飲み屋の女将《おかみ》と言うなかれ。彼女は夜ごとに飲みに来る男どもの、風体やら言いぐさを繊細な感情で読み下しているのだ。先夜、新宿で三〇年もやっているバー「ひしょう」のママ・長谷百合子さんの書いた本を手にいれた。飲兵衛の会話に似て、一話は短く活字は大きく、ページはどんどんめくれるように拵えてある。小さな可愛い本だ。題して『新宿ゴールデン街のママが教える「成功する人・しない人」の見分け方』。ふだんなら誰が成功しようと知ったことではないので、まず手にとらないタイトルだが、今回は特別な気持になった。身につまされることも書かれていたので、ちょっとだけ紹介する。ママが見て、成功しない人の例。他人に対して愛情がない人――背が低いだの、頭が薄いだの、痩せてるとか自分が気にしていることをズケズケ言う人。最初の一言で心の距離ができてしまう。「やあ、元気そうだねえ」。この一言だけでいいんだ。

「昔はよかった」、これも危険なフレーズだ。昔があったから今がある、と捉える昔と、過去の栄光（未練）としてとらえる昔では大違い。神通力の消えてしまった錆びた呪文のように繰り返される昔話など、誰も聞きたくない。もう一つ、いい女は、中途半端な男にはついて行かない、ということ。お店でもてたり、楽しさを振りまいている人は、必ず家庭を大事にしているという。責任感と気概を持っていない男にロクな奴はいないそうだ。こんな話が次々にでてくる。飲み屋では地の自分が出る。「食うもん食ってたか」と高飛車に出たり、「俺の若いときゃなあ」と大したことでもないことを自慢したりとか、「女房なんかにいちいち相談できっかよ」なんて他人の思いも気にせず、雑言を吐き続けていたのではなかったか。身が縮まる。

成功する人の例は「しない人」の反対なんだけれど、これもなかなか難しい。カウンターの中から成功者を見続けているママの発言だ。そのいくつか。他人の意見に対して全否定しないが、言うべきことははっきり言う人。長谷さんが議員時代、かの宮沢喜一総理に吠えついたとき、総理は「大変よいお考えです。そうありたいと思います」と答弁したという。長谷さんの主張を一度胸に納めた宮沢喜一総理の態度に感銘をうけたという。つぎ、若いときのピュアで真っ白い心を失わない人。老いてなおかつ新宿にまで来て、若かった当時と同じようにキラキラと話をする人は、夢を見続けるパワーをまだ秘めているという。軽やかに店内を跳ねていたのはこんな目をしたママさんだったのだ。

（二〇〇四・一〇）

原爆と特攻兵

「おとったん、ありがとありました」。こんなセリフはどこで、どう使われるのだろうか。神保町交差点にあるスーパーマーケットの壁に、巨大に掲げられた岩波映画の看板に惹かれて、井上ひさし作・黒木和雄監督作品『父と暮らせば』を観に行った。一九四五年八月、ヒロシマに炸裂した原爆は一組の父と娘の運命を変えた。父は死に、娘は生きていた。それから三年、娘は生き残ったことに負い目を感じ「うちが生きとるんはおかしい。生きとんのが申し訳のうてならん」と、図書館に勤めながらひっそりと暮らしている。ある日、その図書館に原爆資料を集めることに情熱を燃やす一人の青年があらわれた。二人は共に恋心を抱くのだが、娘は「もっとえっと、うちがしあわせになってええ人たちが、ぎょうさんおってでした。その人たちを押しのけて、うちがしあわせになるというわけにはいかんのです」と思い詰め、己の恋心を潰そうとする。そこへ父がである。
幽霊となって現れ、娘の恋の応援団長となる……火曜日から金曜日までの四日間のヒロシマ物語である。

八月六日八時一五分。井上・黒木の二人は、死者（父）と生者（娘）の会話を通して、あってはならぬ歴史の一瞬を世界に向けて発信する。原爆のはじける前と後、閃光を観る前と後。日常が異常に変わることはこんなにも、たやすいことなのだ。恋する日常の背後に「あってはならぬこと」は「あってはならんのだ」と激しく抗議する重たい二時間のドラマであった。

もうひとつ、青鞜社の海原卓《かいばらたく》さんから頂いたCD『月光の夏』を聴いた。これは毛利恒之の原作。一九四五年五月、佐賀県鳥栖市近郊目達原《めたばる》飛行場から特攻隊員二人が、鳥栖国民学校にグランドピアノがあると聞いて走ってやってきた。音楽学校の学生だった二人は、間もなくの出撃命令を受けていた。国民学校で思い切り『月光』を弾き、生徒らに別れるとき「ボクも大きくなったら特攻兵になります」と言う子に、「君たちが特攻にならなくてもいいように、兄ちゃんたちが行くんだよ」と諭す。二人は出撃した。一人は飛行機の故障のため引き返し、一人は行ったまとなる。引き返した一人は、臆病者と言われ、卑怯者と罵られ、あげく監獄に入れられ再び特攻機に乗ることはなかった。敗戦。彼らの行方はわからなくなった。それから何年かたって、あのピアノが捨てられることを知った国民学校元教師が、ピアノの保存を呼びかけた。その過程で特攻兵がピアノを弾きにきたことが語られ、それは誰だったかを突き止めることになる。行方のわからなかった彼が探しだされ、封印されていた前記の過去が現れてくる。

特攻の生き残りを、われわれ子どもまでもが「特攻くずれ」と言ったことがある。その響きは軽蔑がこめられていた。特攻という命がけの作戦にたちむかった者たちへの思いやりなど微塵もなかった。あの戦争が侵略戦争であったにせよ、従軍した者すべてを「侵略者」と決めつけていいはずがない。

先夜、『異国の丘』など口ずさんで育った世代の児童文学者の祝いの会があった。お神酒が入って、それを歌おうとしたら、「それは侵略の歌だ、やめとけ」と隣の有識者に止められた。大伴家持作の『海行かば』ならいいのか。

爺さんの世代も、親爺の世代も戦争に行った。「満州」の真っ赤な夕日や徐州の麦畑の話はときどき聞いた。そんなとき、爺さん、親爺を侵略者と思ったことはなかった。それでも、身内の戦争との関わりは、今もわれわれに深い翳《かげ》を落としている。

（二〇〇四・一二）

木村礎さんの教え

一生涯、と言ってもけっして過言ではない。八〇年の人生のうち、五四年間学生を引き連れ、村々の歴史と景観を調べながら、地方《じかた》の古文書を筆写しつづけてきたのだ。明治大学の木村礎さんが昨年暮れに逝った。庶民を戦争に駆り出すような観念的な支配者の歴史ではなく、庶民の生活の中に歴史を見出すのだ、と二〇代のときに決意し、爾来その道を編上靴《へんじょうか》を履き、歩き通してきた。

大学に入ってから、私の生き方を変えた先生でもある。教室でも、合宿のときでも褒められたことは一度もない。なのに叱られるのが好きで、何かと側に寄っていった。出版社を作ったが著作についてのお声はかからなかった。六〇歳の時やっと、その記念に『地方史に生きる』と名づけたおみやげ本をつくった。谷口京延の担当した木村さんの初めての仕事だった。その後一九八七年に『少女たちの戦争』、一九九四年に『戦前・戦後を歩く』で、計三冊をご一緒した。

『少女たちの戦争』は、女学校の教師をしていた当時、勤労動員された生徒たちの引率教師としての記録である。おばあさんに近くなった教え子たちと、わいわい言いながらも真剣に当時を思い出して記録していた。この本は、木村さんの専門とは違い、研究者の間でも驚かれ、結構な売れ行きだった。木村さんが直接、戦争について発言したのはこの本が初めてだったと思う。木村さんは、明治以降の近代日本の大陸政策を次のように要約する。「日清戦争の勝利による朝鮮における特殊権益の樹立と台湾の領有、日露戦争の勝利による満州における特殊権益の樹立と韓国併合、中国に対する二一ヵ条要求、傀儡《かいらい》国家満州国の樹立、中国に対する全面戦争の開始」。これは明らかな侵略である、とも断言した。また、「日本人の多くは、政府・軍部による大陸政策とそれに伴う侵略戦争に対し寛容であったばかりでなく、これを支持し歓迎すらした」とも指摘している。

最後をこう結ぶ。「私は書きにくいことを書いた。私は日本人であり、それから逃れられないし、逃れる気持も毛頭ないが、私は歴史研究者であり、事実をそのまま重視することから、さまざまな思考をスタートさせている。私は太平洋戦争は日本近代の歴史の不幸な帰結だったと書いた。そして累次の戦争を支えた民衆的基礎については、前近代社会の深層から考察する必要があるとも書いた。ただそれだけのことである。それだけのことに、こんなに紙数を費やした自分の非力を恥じる」と。木村さんの戦争に対する講釈は、そこに人間、あるいは私たちがいて、自分の問題として話したり考え合うことができるものだった。ありがとうございました、先生。さようなら、先生。

（二〇〇五・二）

呑み友だちの定年

昭和天皇が逝く少し前の年だったと記憶する。今はなくなってしまった神保町の酒亭「あくね」で、薄暮から飲んでいた私は、彼が店に来た時分には相当酔いがまわっていた。女将に何かからんでいたのかもしれない。そんな私の様子を三、四脚空けて座った彼は、微笑みながらじっと見つめていた。変な空気が漂って私は黙った。その後もこれに似た情景は何度かあって、ある日女将が紹介してくれた。「あんたよりうんと偉い人」だと。何かクギをさされたようでぎくっとしたけど、われわれは女将を無視して話しだした。職場のこと、学者のこと、将来のことまで。それはとりとめのない、書き留める必要のないささやかなことばかりだった。それが何日も、幾晩も重ねられていくと、それは澱《おり》のように厚みを増していった。一方、彼も同業の出版だったために、企画をこちらに回してくれたり、著者をひきあわせてくれたり、勉強会に誘ってくれたりした。業界団体への加入の際、保証人にもなってくれた。われらが本屋として生きていく上での、日常のあれこれについて結構こまかい導きをしてくれた。また彼は、私が入院したときなど、家族のように何度も見舞ってくれた。しかし、そういうことだけではなく、永原慶二さんや網野善彦さんの言説についての、くどいほどのコメントは、私のもやもやを手際よく晴らしてくれた。旅行に行った時など、初めての所なのに、何度も行ったところのように解説してくれた。

また、『防長火車日記』を書き続けるマツノ書店の店主松村久さんが上京したときなど、四谷の高級料亭にこんな私を同席させてくれた。彼は長州の生まれなので「こんな日本に誰がした」なんてつっかかってみたが、「みなさんのお蔭ですよ」と、やんわりあしらわれたこともあった。彼の回りには落ちついた人、美しい人、そして賢こそうな人が多かった。彼にくっついて歩いていると、こちらも興奮するような場面によく出くわした。その彼が、この三月、定年で勤めを辞めた。三七年間働いた後半の殆どを呑み切ったことになる。先夜、二人だけの「これから好きなことをやれ壮行会」をひらいた。「あんたとのつきあいは手間がかかったねえ」と彼。お元気でお過ごしください。東京大学出版会の渡辺勲さんの定年である。

（二〇〇五・四）

採用面接試験で

二、三人の社員がこの会社を見限っていったので、大枚をはたいて社員募集の公告を出した。「公募」というわけだ。社員からクギをさされていたのだ。呑み友達から紹介されたとか、親友の女房だから雇ってくれとか、文通していて気に入ったからとか、もうそんな関係で人を雇う時代じゃない。これ以後不純なコネは断ち切って貰いたい、と。大枚をはたいた効果はあった。広告を出してから一週間、上は五四歳の超ベテランから、下は二六歳のフレッシュマンまで、たくさんの人が履歴書を送ってくれた。書類審査や面接など、随分久しぶりのことだ。面接は取引先の文化産業信用組合の会議室を借りた。応募者も緊張していたろうが、こちらも会社の品定めをされるようで、多少の緊張はあった。ある応募者がこういった。「貴社は広い分野にわたって目配りし、その出版物は硬くどっしりしています。私は大学院に永くいましたから、この能力を存分に発揮させて頂きたいと思います」、「何か、当社の本を読まれましたか」、「……ホームページで拝見しました」。何っ、手にとったことはないんだ。広い分野ってどういうことか。戦線が延びきっているということではないのか。硬くどっしりって何。少部数で人目にも触れず、蔵にどっしりと積まれているってことか。ここまで拗《す》ねなくてもいいが、褒め言葉は難しいものだ。皮肉られているように聞こえてしまったのです。大学院は永い間いるところではないでしょう。少し心惹かれた人だったけれど、残念、縁は出来ませんでした。二次三次と面接はすすみ、先日採用者は決定しました。

（二〇〇五・六）

兵隊太郎のこと

少し古い話だが、思い出す人がいるかも知れない。奇妙な僥倖《ぎょうこう》で現代中国の、知られざる一面を物語る重厚な原稿が、立教大学の老川慶喜さんからもたらされた。

中国人の曹石堂《そうせきどう》さんは、蒙古に近い大原の生まれ。もう七七歳になる。曹さんが一〇歳の時、(これは日中戦争の時代一九三七年～) その地方に進駐した日本軍によって、村も家も焼き払われ曹さんは孤児となる。一〇歳の少年は日本軍に拾われ、食堂の給仕として働くようになる。気の利く子だったので、「太郎」と名づけられ可愛がられた。戦争は激化し日本部隊は各地を転戦する。少年は部隊に従いて移動していった。夜ごとに淋しがる坊主であったが、帰るべき家はない。

一九四四年、先に除隊していた日本軍兵士の郷里へ呼び寄せられ、その家族として成長していく。沼津商業、立教大学と学問を就けてもらい、その間、日本の敗戦、南北朝鮮の分断、祖国中国の解放と独立を知る。立教大学在学中、国家再建に一丸となる中国人民のニュースを聞くたびに、「日中友好に貢献したい」思いは募り、日本人養父の強い慰留をふりきって中国へ渡る。希望に燃えたって踏んだ「祖国」の土だった。当時の新聞にも「兵隊太郎の帰国」として大きな記事になった (『読売新聞』一九五三年一〇月)。

祖国では就職し結婚もした。平穏に見える出発であったが、五九年九月、突然スパイ容疑で逮捕されるのだ。その一〇年近く前 (日本にいた頃だ)、台湾を訪れた経歴から「国民党の特務 (敵国情勢を調べ母国に通報する任務)」という烙印を押されたのである。監獄生活中に、妻とも、生まれたばかりの子どもとも引き裂かれ、出所後は四年間の農場労働、さらに文化大革命の始まった六六年「階級の敵」として北方の炭鉱で重労働に服することになる。八〇年、逮捕されてから二〇年経った。山西大学の日本語教師として招かれ初めて名誉を回復した。音信不通だった日本人養父との連絡もつき、八三年に日本を訪れることができた。この時も「兵隊太郎の里帰り」として新聞を賑わすことになるのだが、歳はすでに五〇を越えていた。曹さんはこの道程《みちのり》を執筆しながら、獄中にいたとき「いつ銃殺されるか」と恐怖に怯え、そして生き別れた妻や子どものことが脳裏をかすめつづけたという。ともすれば「軍隊美談」とされかねなかったこの話が、曹さんが「祖国」帰還後に受けた「祖国」の仕打ちに及ぶとき、国家とは、迂闊に信じるわけにはいかないと思うのだ。曹さんはこの原稿の中で、反戦や反国家を言いつのってはいない。それ故に曹さんの人生丸ごとが、世界の欺瞞を糾弾してやまないのだと思う。

（二〇〇五・八）

＊二〇〇六年一二月『祖国よわたしを疑うな――政治犯から大学教授となった「兵隊太郎」の戦後』として小社から刊行した。帯には「幸福は敵国軍隊のなかに、安全は祖国監獄のなかに」と書かれた。

自民の勝利と改憲

自民党の圧勝で九・一一の衆院選は終わった。考えられていたことだったが、案の定、「自民党新憲法草案」なるものが公表された。結党五〇年、自主憲法制定運動の進撃開始だ。この夏は、戦後六〇年という敗戦還暦の年だったので、例年にも増して靖国や憲法についての議論は盛り上がっていたが、総体からは戦争勢力の暴挙が目立った。選挙の大勝利という風に押されて、小泉は靖国神社に白昼公然とお詣りしたし、憲法改定案も遠慮なくわれわれの前に呈示してきた。

「大東亜戦争」が敗北で終わるまで、この国は軍国日本、大日本帝国であった。苦しく永い戦争の時代であった。それは勝利した連合国側にだって言えることであった。『日本国憲法』は勝者と敗者による合作・共著と言えるものだが、今世紀最高の名著であると思う。特に、「前文」と「第九条」は高い価値を持つ。

『国連憲章』や『ユネスコ憲章』に較べれば、その違いは明白である。「共同の利益の場合を除く外は武力を用いないことを原則の受諾と方法の設定によって確保し」（国連）……何を言ってるんだか、はきはきしない。また、「戦争は人の心の中で生まれるものであるから、人の心の中に平和のとりでを築かなければならない」（ユネスコ）……いい文章だが、戦争抑止の力になるのだろうか。その点、わが日本国憲法は、「日本国民は恒久の平和を念願し、……われらの安全と生存を保持しようと決意した」そして戦争については、「武力による威嚇又は武力の行使は、国際紛争を解決する手段としては、永久にこれを放棄する」「陸海空軍その他の戦力は、これを保持しない」と高らかに断言している。

にもかかわらず、警察予備隊から自衛隊へと呼び名は変わったが、日米安保条約の下に、軍隊は確実に増強されつづけてきた。改憲論者は、このことを言っているのだ。「実態に合わない憲法は改定しよう」と。笑わせてはいけない。現実は常にグータラである。このズボラな現実に合わせて改憲しようとは、本末転倒も甚だしい。憲法の一文はただの作文ではない。人類の理想と希望を謳いあげているのだ。

現実は常に理想を蝕んでいく。これは会社などという小世界では、日常茶飯の事であるが、国家においてもそうなのだ。理想や目標を空文と決めつけた時、われらの敗北は始まるのだ。改憲の議論はしてもよい。むしろすべきだろう。だが、何が大事で何が悪か、何が守られて何を捨てるかを見極めなければならない。そして守るべきことは、一人で守ることはできないが、おれ一人でも守るという行動を伴った決意が必要なのだ。自分の隣にいる小父さん、小母さんに呼びかけることから始めよう。それが「国を守る」小さな出発点となるだろう。（二〇〇五・一二）

木村礎さんの一周忌にて

昨年亡くなった明治大学・木村礎さんの一周忌の集いを、木村さんの故郷である葛飾柴又の川魚料理店「川甚」で開いた。集まったのは六四年卒業の同級生。印刷屋、医者の女房、不動産屋、お茶の師匠、有閑ママなど十数人。大学や親族は一切関知していない、俺たちだけの会だった。会が始まるまでご当地自慢の帝釈天や寅さん記念館、矢切の渡しなどをぶらぶら歩き回った。この辺りは、木村さんが思索しながらか、ほろ酔いでか、よく歩いたところだという。我々は、昔の面影がうっすらと残っている北総の大地を、史料を捜しながら歩いた四十何年か前のことを思い出していた。ある者は、調査合宿の折、木村さんと二人で歩いたことが、一番楽しい記憶にあるという。江戸川の土手に腰を下ろし、遠く流れる川の水面を見つめながら、それぞれが、それぞれの思いに浸り、センセイが今のわれわれを繋げてくれたんだな、とその僥倖をかみしめた。さまざまに生き、さまざまに老い、もう定年を越え静かな日々を送っている者もいる。

かつて、学生であった頃、こんなふうにしてみんなと、この地を歩いているなんて、誰が想像していたろうか。木村さんが元気で七〇歳を迎えた会でもらった一文が残っていた。「五三年間の教師生活、これはいかにも長い。その間、多くの人々とつき合ってきた。いろんなことがあったが、つまりは精一杯、そして面白おかしく生きてきた。そういう私の生き方を支えてくれた多くの人々に感謝の念を新たにしている。私はまだ元気なつもりでいるので、これからも精々村歩きを続けるつもりだ。私の脚は依然として達者である……」。

その通り、この時からまた一〇年以上も歩き続けたのだ。夕宵、うなぎ屋の席で、こもごもに「私と先生」について話した。話しながら、なぜか涙ぐんでいる者もいた。お神酒のせいかも知れないが、総じて落ちついたいい会だった。われわれは二度とこんなふうに会わないかも知れないが、木村さんがつなげてくれたこの絆は、ずっとずっと生きつづけるだろう。

（二〇〇五・一二）

振り返るにはまだ早い――【二〇〇六年〜二〇一〇年】

戦争を支えるもの

昨年暮れに公開された、佐藤純弥監督映画『男たちの大和』が、一ヵ月も経たないのに観客二〇〇万人を突破したと聞く。連合艦隊を象徴する大和の最期がどのように描かれているか、観たいと思っていた。かつて少年の頃観た『明治大帝と乃木将軍』や『敵中横断三百里』『キスカ』などの日本映画は、常に愛と勇気がテーマであった。結構好きでのめり込んでいた。戦後、占領下で観た個々の映画名は忘れたが、映画館の木戸を潜るとき、何か後ろめたいものを感じていたのを思い出す。物語と、そこに登場する兵士や将軍に共感にも似た感情を抱いたことを隠していたからだ。好戦のレッテルを貼られるのがこわかったのだろう。昼間、学校で、「あの戦争は陸軍の悪い人が始めた戦争だ」「国民はみんな騙されていたんだ」「指導者に盲従してはいけない」と教えられていたからだ。いま思えば敗北に抱きしめられていた新生日本は変だった。占領軍が町や村を闊歩していたからといって、つい先刻まで、挙国一致で罵っていたのに、それまでのことを、丸ごと逆さまにしてしまう、この短絡さは何だったのか。

「私たち国民は戦争はいやでした」「悪いのはテンノーとトージョーです」「踊らされていたのです」……おいおい、日本の民衆はそんなに無自覚だったのか。もし、無自覚であったにしても「お上が決めたことだ。仕方ねえ」「やんなきゃあしょうがねえ」というくらいの戦争に対する積極性、あるいは協力性はあったはずだ。

あれから、六〇年も経った。あの戦争とその敗北を考えるとき、戦時中、かなりの日本国民が示した「勝利の確信」と、そのための滅私奉公のエネルギーを「あれは何だったのか」と考えることで、戦争というものがもっている狂気（驚喜）の正体に近づくことができるのではないか。全国民のその心理と行動とが、結果、数百万の人命を灰にし、広大な国土を瓦礫に変えたが、これが天皇や君側《くんそく》の奸《かん》だけで成し遂げられたことだったか。ましてや一五年、短くみても三年八ヵ月という期間、戦争という国家的大事業を支え続けることができたろうか。それを持続させた力は、勝利を信じて奉仕した無数の「われら」だったのではないか。

（二〇〇六・二）

光る風賞

一九八三年頃、歴史書編集者の有志が語らって「歴史書編集者懇談会」なる勉強会ができた。初期の同志たちを承知していないが、古い記録をみると東京大学出版会だの校倉書房、岩波書店、三省堂、有斐閣など歴史書の大手に混じって青木書店や東京堂、創文社、中央大学出版部、法政大学出版局などにいた人々の名前がみえる。歴史や歴史書の話もしていたろうが、その倍の時間は、たぶん酒を飲んでいたに違いない。

ある晩、神保町の酒場で飲んでいると、その会の連中がドカドカやってきて、そういう会の存在を知った。メンバーの一人渡辺勲さんに誘われて、箱根の名刹《めいさつ》に竹酒を飲みにいったこともある。九〇年代半ばに会に加えていただいた。その後の会の動向は承知している。

さて、九二年の暮れ、会の重鎮だった中央大学出版部の田中浩さんが亡くなった。田中さんの人や仕事についてあれこれ紹介は出来ないが、以前、中央大学出版部で刊行している本から、ある論文を転載しようと申請したときなど、激しい口調で言下に断られた覚えがある。その恐かった話を飲み屋でしているとき、「それはオレだ」と田中さんに肩越しに言われて仰天したことがあった。田中さんは、会の真ん中に座り続けていたのだろう。その田中さんを記念して『風光る時に』と名づけられた追悼と遺稿の本が作られた。追悼部分に二〇人もの人々が寄稿している。どの文章も田中さんの性格や仕草を伝えている。慕われていたことがよく分かる。それに続けて、「田中浩・光る風賞」という仲間内だけで称え合う賞が設けられた。もう一二回を数える。今までの受賞作品は多岐にわたる。土井正興『スパルタクスとイタリア奴隷戦争』（法政）、『歴史激流　楊寛自伝』（東大）、ただえみこ『唄で命をつむいで』（青木）、小林正美『唐代の道教と天師道』（知泉書館）などである。この会をかくも永く持続させてきたのは、会の段取りなど、細かく面倒をみてくれた有斐閣編集部の池一さんである。今年も新春に選考と表彰の会があった。神保町の高級イタリア料理屋で行われたその会で、小社刊行の金原左門『日本近代のサブ・リーダー』

が受賞した。

（二〇〇六・四）

こぐまの唄

こぐま社という創作絵本の出版社がある。一九六六年の創業で、今年四〇周年を迎えた。その四〇周年展があったので行ってきた。銀座にあるビルの九階。会場には、第一作から近作まで壁面いっぱいに姿よく並べられていた。広場のテーブルには、自由に読んでいい本が積まれていて、小さな子どもに読み聞かせている若いお母さんがいた。

最近、本の運命について考える。読者が減った、青少年は本も読まずに何を考えているんだ、などと禁句であったはずの言辞を弄することもある。彼らに読んでもらえるに足る本を作っているか、という後ろめたさもあるが、本に親しみ、本を敬うオトナが増えるためには、子どもの時からの、ある種の訓練が必要なのではないか、と思う。今作っている本は大人向けだが、この本の読者はいま子どもである君たちが大人になってから読んでほしい本なのだ。これは気長に過ぎるが、そう思う。回り道かも知れないが、これからの読者として、その可能性が信じられるのは、子どもたちだけだ。

そんな思いもあって、子どもに向かって本を作るとはどういうことか、を垣間見たくて、絵本展に足が向いたわけだ。

こぐま社という出版社、この四〇年の歩みの中で、年間一〇点以上の新刊を作った年は二年しかない。九四年の一三点、九五年の一〇点。平年は五点とか七点である。四〇年で二百数十点。定価も二千円をこえるものは一〇点以下だ。よく食えるね、などと言ってはいけない。丁寧に丁寧に作り、ていねいにていねいに売ってきたことの証なのだ。この抑制された本作りには、無条件で頭がさがる。年間数十点の新刊を作り、三ヵ月前に出た本の書名も定価も忘れるような日々を送っている連中は、真面目に自分の所業を考察した方がいい。創業の頃のカタログに書かれた「こぐま社のねがい」という一文がある。

すぐれた絵本には〈生命〉があります。
だから、子どもたちの豊かな感情を育て、
あたたかな心を育むのです。
すぐれた絵本には〈力〉があります。
だから、子どもたちを揺りうごかし、
子どもたちのうちに、
想像の世界をつくりあげるのです。
すぐれた絵本は、
こどもたちの〈たからもの〉です。
だから、子どもたちはひきつけられ、

抱きしめ、大切にするのです。
〝こぐま〟は〈生命〉と〈力〉があふれ、
子どもたちの〈たからもの〉になるような
絵本づくりひとすじに生きる
絵本の専門出版社です。

どうだ、「絵本」を自分たちがつくっている本に置き換えてみよ。そういう専門出版社であるか。この社の人々は、どんな眼差しをしているのだろうか。ねえ、今夜はもういい。仕事をやめて呑みに行こう。そして、この詩にも似た、こぐまのアピールを口ずさんでみようではないか。

（二〇〇六・四）

三池炭鉱のこと

福岡県は火床《ひどこ》の国である。筑豊の火床については土門拳の写真集や、山本作兵衛画文集、そして上野英信の告発等によって、小さな知識を積み上げてきた。筑豊にはボタ山が五二四あるなんてこともどこかで聞いている。もう一つの火床、大牟田については、一九五五年夏、三井鉱山が四五〇〇人以上にのぼる希望退職という合理化案を提示したことから、同時代の青年として生身の問題として受け取ることになった。頃は安保改定反対闘争の中、革命の夢と結合して大争議に増幅されていった。政府と資本の側は、弾圧と懐柔に多様な手段を使って闘争の分断を画策した。第一組合と第二組合との間で起こった流血事件も幾度もあった。ホッパー（貯炭槽）をめぐる緊張も、東京にいてさえも手にとるように伝わってきた。荒木栄の歌にこんなのがあった。誰かまだ歌っているか。

雨の降る夜は寒かろね
ホッパー睨んで夜明けまで
無口のアンタが火を囲む
ビニール小屋に届けたい
腹巻き　綿入れ　卵酒

しかし、「労使協調・会社は一族」路線で折り紙つきだった三池炭鉱労組が、歴史に残るような闘いをするまでになるには、並々ならぬ理由があった。大牟田生まれの九州大学教授・向坂逸郎は、三池炭鉱を来たるべき社会主義革命の「拠点」にしようと考えていた。『資本論』を小脇に抱え、「向坂学校」と呼ばれる労働者学校を組織し、戦闘的活動家を育てあげていった。一九五三年の二七〇〇名の指名解雇撤回闘争の勝利は、「英雄なき一一三日間の闘い」と呼ばれ、三井労組の名を全国レベルに押し上げた。以後、三池炭鉱は労働者の自治区的様相を強めた。炭鉱経営は楽じゃない。こんな背景の中で五九年の対立が始まった。財界は鉱山を、総評は労組を全面的に支援し、この闘いを清水慎三は「総資本対総労働」と名づけた。

しかし、長期化するストライキの中で、生活苦も追い打ちをかけ、第二組合へ亡命する者が増え、第一組合は弱体化していった。向坂センセイも苦しくなった。六〇年一一月、中央労働委員会の斡旋でストは解除され、「三井三池争議」は組合の敗北で終結した。五ヵ月前の六月には、安保闘争も敗退し、安保は自然成立していた。その年の暮れ、国民所得倍増計画が閣議決定された。政治の時代が終わり、経済の季節の到来であった。

先日の早朝、T子を誘って東中野のポレポレ座で、熊谷博子さんの作った映画『三池――終わらない炭鉱《やま》の物語』を観てきた。冒頭に映し出される宮原《みやのはら》坑跡、いまにも地底から坑夫たちの声が這い上がってきそうな光景である。今の大牟田はひとかけらの炭も掘っていない。だからこの街のあちこちに点在する採炭場の跡は見たくもない「負の遺産」だという。過酷な労働や落盤事故や炭塵爆発のことなど思い出したくない、という人もいる。熊谷さんは「三池の過去を背負って、今を生きている人々」を撮ったという。淡々とではあるが、確実に苦労を刻み込んだ声で語る女たち。それを撮る熊谷さんの視線は、限りなく妻のもの、女のもの、同志のものであった。大牟田の街のそこここに、エネルギー政策の墓標、激しくくりかえされた労働争議の墓標がある。その前に佇み、われわれは合掌するか、それとも新たな闘志に火を点けるのか。「過去」とどうつきあうか、という問いであった。

（二〇〇六・八）

敗れる勇気

今年の八月一五日は、恒例の靖国神社参りをやめた。それを知ってか、小泉首相が公約を果たしに靖国に行った。集会にも誘われていたが、みんな断ってビデオを観ていた。『日本のいちばん長い日』『軍旗はためく下に』『最後の特攻隊』おまけに『アリ』も観た。

戦争責任というが、どういう責任か。戦争を始めた責任、戦争に敗れた責任……と考えているうちに、戦争を止めなかった責任もあることに気づいた。「大東亜戦争」の場合、この戦争を止められず、ずるずるしていて、多くの人が死んだ。必ず負けると知りながら「降参します」を言う機会を失し、体面ばかりを気にしているうち、大空襲にさらされ、広島・長崎は野っ原にされ、さらに悔しいのは、敗戦前日の八月一四日の晩、鹿島灘に停泊する空母から飛び立った米軍機に、関東一円が空襲されていることだ。埼玉県児玉の飛行場からは、その夜、村人たちに送られて迎撃機さえ飛び立っている。わが伊勢崎の実家では、前夜の空襲で大黒柱がめらめら燃えているさなか、敗戦の玉音放送を聞いている。

『最後の特攻兵』の中で鶴田浩二がいう。「お前ら、十日も前に敗けると決めていたくせに、俺たちを突っ込ませていたんだな」と。敗け方に美学などあるものか。一九四五年の正月から敗戦までの八ヵ月は、死ぬため、殺されるための狂気の月日だったのだ。指導者も人民も、思考力がなくなってからでは、どの手も打てぬ。継続は力ではない。この場合はバカとしかいいようがない。

四〇歳前後の若い親父たちと話す。子どもたちに戦争のことや安保のことなど話し聞かせているかと。ほとんどの親が話していない。無理もない。聞かされていないのだ。いまからでも遅くない。戦争はビデオでも映画でもいい、芝居だっていい。子どもたちと一緒に観よう。醜い日本軍のやり方も「教育に悪い」なんて言わず、正座してみせて、茶の間で戦争を語ろう。

（二〇〇六・一〇）

〝気丈〟女学校のこと

牛島光恵・石井喜久枝編『上州の風に吹かれて――〝気丈〟学校3年C組』という本が一莖書房から出版されている。この本に寄稿している人は、一九六〇（昭和三五）年に群馬県立伊勢崎女子高等学校を卒業した女性たちである。伊勢崎は銘仙の産地として全国に知られる土地柄である。戦後すぐに起こった暴力団追放と民主化運動で新聞を賑わした「本庄事件」も、この銘仙の取引にからんでひきおこされたものであった。かかあ天下と赤城山と言えば、群馬の別名である。赤城山は、関東平野を両腕に抱えこみ、どっしりと胡座《あぐら》をかく。かかあたちは気丈に桑を摘み、機を織る。そういう所だ。一九一五年、「地元の子女に教育を」と開校され、その校訓は「清明・和順・気丈」である。時代は流れ、校名も二〇〇五年に伊勢崎清明高等学校となり、遅ればせながら男女共学となった。校訓は「自立・叡智・共生」と変えられたが、校歌のなかにはそっと和順や気丈が読み込まれている。「気丈」を校是にして九〇年もつづいた学校はそうないだろう。

この本は、五〇年前の女学生たちの同級回想録的な本でもあるが、そのキッカケは、このクラスの担任であった後藤亘宏先生が亡くなり、わたしたちはあの学校で何を学んだのだろうか、あの教室は何だったのかと、センセイを思い出しながら話し合ってみようか、ということから始まったらしい。後藤先生は、斎藤喜博（教育学者）と出会ってから、それまでは並のセンセイだったが、それが突然変異し、「ちょっと、ちょっと、何よ」みたいに急に授業熱心になったという。「自分を卑下しないこと、捨てないこと、根を張ること」「いつも、いつの時も、世相に関心をもち、新聞を、せめて見出しだけでも見るように」と教えてくれたようだ。

それにしてもこの学校は、すごい。学校行事の中で講演に呼ばれた人、清水幾太郎、芥川也寸志、安部公房、無着成恭、岡本太郎、望月衛……こんな人たちを招《よ》んでくる田舎の女学校があったのだ。

町場の娘らしい生徒の、映画鑑賞記録にも驚く。

『雨の花笠』（中村錦之助）　『明日は明日の風が吹く』（石原裕次郎）
『無法松の一生』（三船敏郎）　『裸の太陽』（江原真二郎）
『嵐を呼ぶ太陽』（川地民夫）　『俺は挑戦する』（小林旭）
『ああ江田島』（菅原謙二）　『二等兵物語』（伴淳三郎）

と並ぶ。毎週というほど映画館に通っている。赤城颪《おろし》に吹かれながら、哲学者たちの話を聞き、夜は『無法松』を観る、気丈な女の子たちである。

村の小学校の学芸会で「舌切り雀」のおばあさん役をやった「あさちゃん」の寄稿文が収録されているので、断りなしだけれど（許せよ）、紹介しておきます。

「鶴舞の地形の群馬より、鶴の飛来地、鹿児島出水《いずみ》に降りたって、早三十年余りになりました。いまでは新幹線が開通し、空港へも直行バスの便もあり、三十年前とは、すっかり様子も変わりつつあります。言葉の不自由さも深く考えずに、両親、姉たちも遠く離れる妹を気遣ってくれましたが……。主人の故郷、出水に脱サラ帰郷、この地で小さな会社を設立しました。全くゼロからの出発でした。山あり谷ありの生活の中で、幸いにも恵まれないと思っていた子供に恵まれ、三男一女を授かりました。子育ても大変でした。つくづく実家が遠いことが悔やまれたこともありましたが、自分で選んだ道だから頑張るしかない、と自ら言い聞かせて頑張りました。苦労も沢山あったけれども、子供たちからもたくさんのよろこびや、勇気をもらいました。

その子供たちも、今、末息子を除いて、上の三人はそれぞれの地で家庭を築いています。親としてはほっと肩の荷が降りた、というところでしょうか。ふり返れば、四人の子育てに懸命になっていた、あのころは病気らしい病気もせず、不思議なほど元気でした。気持ちの張り、というものでしょうか。

家族のために費やしてきた時間が長かったのでこれからは、少し自分のための時間を作り、

いつまでも生き生きと、こころ豊かに年齢を重ねる努力をしたいと願っています。」（竹園あさ子）

この本は、単なる思い出集ではない。戦後民主主義が根づきはじめた頃の、ひとつの「資料」となるだろう。「希望」が書きとめられているのだ。教育行政はゴリ押ししてくる。子どもたちの悩みは解決のめどもなく佇んでいる。こんな今とは違う日々があったのだ。ここに集められた一話一話は、あの時代を生きた多くの人々が経験しているはずだ。

本にまでしなくても、せめて近所の子どもたちに、あの時代のことを聞かせてやってほしい。生きてる限り生きるんだと、希望を語ってほしい。

一莖書房の快挙を讃えます。本の前途が豊かでありますよう祈ります。　（二〇〇六・一二）

ある年賀状

年賀状を頂いた。こちらが出していないのに、賀状をもらうと申し訳ない気がする。出そうと思ったときには、正月気分もひっこんで、結局失礼することになってしまった。頂く賀状の総量も減ったが、手書きの賀状はもっと減った。ワープロが人情をむしばんでいく。ワープロは商業文か役所文書に限れ、とついこの間まで吠えていたのに、だらしなくも、今年は全てパソコンで作ってしまった。おまけに菫《すみれ》の絵まで機械にやらせてしまった。

松がとれてから届いた、大曲郵便局の消印のある賀状には頭が下がった。こうある。「年に一度の便りとして年賀状を頂くことは喜びでもあり楽しみでもありましたが、実は、持病と加齢のため字を書くことが困難になりまして、私から賀状を差し上げるのを失礼させて頂きました。秋山順子」と。もちろん、この文面は活字。だが、宛名はやっと書いたであろうボールペンの文字だ。汚れもあるし、文字の大きさもそろっていない。一字一字をなぞりながら、背を丸め、コンコン咳をしながら、やっと書き上げ、雪のポストに投函してくれたのだ。影書房のメンバーだったころの懐かしい笑顔を思い浮かべた。

（二〇〇七・二）

「あくね」という酒亭

神保町の酒亭「あくね」のお婆《ばば》が亡くなったと、鹿児島からの便りが届いた。「あくね」のカウンターでは多くの人に出会った。賢人と称される林健久さんをはじめ、泣き上戸の兵藤釗《つとむ》さん、古きマルキスト柴垣和夫さん、小田原自慢の金原左門さん。白水社や集英社の編集者、岩波の偏屈爺、古本屋、踊り子、新聞屋、刑事、反物屋、絵描き、詩人、役者と多彩だ。書家石川九楊さんと知り合い、その門をくぐるようになったのも、ここでの縁からだ。

ある夏の夜、店がはね、お婆と一緒にラーメンか何かを食べた後ふらつく足で歩き出し、縁石に躓き、骨折したことがある。「お前がしっかりしてないから、こうなるのだ」とか言いがかりをつけられたこともあったが、箱根の名刹に竹酒を飲みにいったこともある。酒もうまかったが、そこに集まってくる近所のおばさんたちとの会話も楽しかった。

飲ん兵衛はみんなお婆に好かれていると思っていた。お人好しばかりだった。東京大学出版会の渡辺勲さんと知り合ったのはいつだったろうか。四八歳の抵抗をしたのもここでだった。もうひとふんばりしようと気をとりなおしたのは、ナベさんの決意を聞き続けるためだったかも知れない。

あの子と恋をし、そしてふられたのもこのカウンターでだった。あの子の博士号をとれた祝いもしたし、友人の葬式の帰りに呑み直したのもここでだった。そんな風景をお婆はみんな観ていたのだ。私はお婆を好いた。お婆も私を好いてくれた。生きて、仕事して、夜ごとに酒が飲めたのだ。いろいろな人に出会えたバーだった。さようなら、お婆。あちらでも店を開いて待ってろや。そしてタイトル不明のあの唄を「湖畔の宿」風に唄っておくれ。

おはんなよかときゃ　どげん言うちょった
帯も買《こ》うちゃる　着物も買《こ》うちゃる
たまにゃ活動も連れて行く
そげんこつ言っちょっせ
うちば騙《だま》しちょったと
じゃけんど　うっちゃまだ

好いとっちょよ　（二〇〇七・四）

竹内好セレクションの顚末

小社が昨年暮れに刊行した『竹内好セレクションⅠ・Ⅱ』について、四月初、ある熱心な読者から、原本（筑摩書房版）との相違、誤記、誤植、脱落等が指摘された。雑誌『東方』によってである。ブックレビュー「歴史を書きかえるということはどういうことか――竹内好没後三〇年・日中戦争七〇年に際して」と題された一文は、このセレクションに対して、「……見事に蘇《よみがえ》った竹内好を読むと、かくも文章を生かすことができるのかと編集の力を再認識させられる。先に引いたような編者の実践的問題意識が貫かれたゆえのことであろう」と言われて、編者も悪い気はしなかったろう。だが、その文章の末尾には、次のようなことが書かれていた。「いい本だが残念なこともある。日清戦争を日露戦争とし、故兆民先生追悼会を胡兆民先生追悼会とする誤字、「近代とは何か」での「敗北は、敗北という事実」の脱落など、誤植・脱落は数十か所にのぼる。読者にはこのセレクションに従ってぜひとも図書館などで全集をひもといてほしい。なお、私がつくった正誤表を配布するので希望者は連絡してほしい」と、FAXとeメールが付記されていた。

これで終わりではない。さらにメールマガジン『日刊デジタルクリエイターズ』に正誤の一部と「解題」が掲載された。短文ではない。誤字脱字一覧から何を知ることができるか、として、文字入力者、編者、編集者の資質と態度に言及し、「仕事をなめているとしか思えない」「家電や自動車なら欠陥商品はリコールするのが商道徳である」等々指摘は厳しい。

もちろん、小社では、まっ青になって緊急の社内会議を開いた。「解題」という名のコメントはさておき、指摘されている誤字脱字等は正当な指摘か。まったく正しい。ならば、どうしたらいいか。誰もの頭に正誤表をつくることが閃いたに違いない。それで事たりるか。竹内は、いわば文化遺産的人物である。その遺産が正しく復刻されていないとしたら、すでに購読してくれた数千の読者にどう対応するのが最善か。それもすぐにだ。

本件誤植は、数と質において正誤表ではすまされまい。われわれの意志は一致した。販売中止、書店在庫の回収、購読者への新本交換等々を決定した。ホームページにも公開し、取次や全国の書店に通知した。

この事態を聞き知った同業や書店から、何でそこまでするんだとか、自棄になっているんじゃないかと、心配と揶揄を込めた声が八方から伝わってきた。自棄になっているわけではない。改めて自戒しているのだ。本をつくるとはどういうことか、不特定多数の人に文あるいは学を有償で頒布するとはどういうことか、と。作り直すということで、事が終わったわけではない。われわれの生態はかくも、責任や拡がりがあるものなのだ、ということを、担当した編集者を含めて確認したかったのである。五月末、誤植なき新本を作りました。お買い求めのみなさま、交換いたします。ご通知ください。ご迷惑をおかけした多くのみなさまに深くお詫びいたします。

（二〇〇七・六）

やっと来た今を見つめる

無邪気に歩いていると、時々過去を忘れていい気になることがある。わが社も三七年目を迎えて、創業よりも後から生まれた社員もいる。「過去はどうだっていい。大事なのは今だ」。知ったようなことを言ってはいけない。過去の失敗に目をつむる者は臆病者だ。そういうわけで、今回は、わが社の反省と感謝の小史。

東大医学部の学生が、インターン制度の改定に反対したことから発火した、東大安田講堂での警官隊と学生との攻防は、一九六九年一月のこと。三島由紀夫がクーデターを呼びかけ、陸上自衛隊官舎の中で切腹したのは、一九七〇年一一月のことだ。学生が政治や社会の動きに敏感に反応した最後の時期でもあった。大阪では日本万博が企図され、六千万人以上が押しかけた。七〇年安保は目をそらされ、国の術策は当たった。小出版社は当時も不景気であった。九段下の小出版にいて『銀行研究』なる業界誌の編集に携わっていた二人のサラリーマンが辞めて、日本経済評論社を始めた。使命感に駆られて出版社を作ったとはとても言えない。どこにいても貧乏なら、自分で貧乏しよう、と話していたのを思い出す。『銀行研究』時代に知り合っていた、金融専攻の学者や銀行調査部のエコノミストの本がつくられていく。最初はうまくスタートしたと思ったが、食うのは甘くはなかった。他社へ出向したり、下請けの編集をしたりして食いつないだ。引き返してどこかへ行くわけにはいかなかった。ピンチを救ったのは復刻書だった。一九七五年から始まる『経済白書』『横浜正金銀行史』『日本銀行沿革史』『産業組合』等々の復刻は、予想を超える応援を得て、営業成績もよかった。とくに農協とその系統機関の支援を受けて刊行した『産業組合』（全五六巻）は四〇〇セットを超す予約を集めた。追い風と錯覚し、社員を増やし続けた。仕事もせっせとやったが、食うのも忙しかった。閉門寸前の取次に駆け込み納品し、つじつまを合わせたことも何度もあった。無茶でした。八一年、多くの社員とお別れし、残ったのは三人だけだった。辞めた者も辞めなかった者も淋しく悲しい一〇周年だった。

倉庫に積み上げられている在庫、それとわれらの野望（？）だけが元手の再出発だった。このあり様を見て、一部の金融機関はわれらを見捨てたが、いくつかの信用金庫が手をさしのべ、励ましてくれた。一度離反した著者や取引業者はなかなか戻ってくれなかったが、本を出しつづけたわれらの前に、少しずつではあったが、新しい著者や機嫌を直した旧い著者が戻ってきてくれた。三年が経ち、どうにか生きられると思った矢先、江戸川区内にある書籍倉庫に火がつけられた。放火だ。何も、我等を狙わなくてもよさそうなものだ。一〇万冊がパーになった。「今度はダメだろう」世間はそう言ったが、逆に我等には力が湧きだした。

復刻資料は『東京経済雑誌』の刊行を続けていたので、販売出張を兼ね、全国の大学を訪問することができた。この資料がなかったら、とても日本中を歩き回るわけにはいかなかった。欲も出てきて「仕事シリーズ」や二つの「昭和史シリーズ」「鉄道史叢書」などシリーズ物を次々と仕上げた。背負っていた負債も減って来て、負い目も減ってきた。

七八年に『東京経済雑誌』が一六八巻を数えて完結した。その完結を機に、この厖大な雑誌の索引を作ろうという話が持ち上がり、東京近郊の大学ライブラリアンが集結してくれた。日大、一橋大を初め、慶応、東経大、明治学院、学習院、早稲田、流通経大、法政大など二〇人を越すメンバーであった。八年かかって五万項目を収容する大索引ができあがった。ことなる大学の図書館員が、無償でこの長期間の労働を提供してくれたのである。感謝というにはことが大きすぎる。ひとつの事件として報道されもした。

総合研究開発機構（ＮＩＲＡ）とも奇縁で繋がった。経済企画庁図書館に眠る、経済安定本部の資料群を整理し、資料集として残したい、資金的援助をして欲しい、この願いを叶えてくれたのである。省庁改変に伴い、官庁資料が大量に捨てられはじめていた。本屋の出番だ、そんな思いを理解してくれたのだ。以後、財閥解体や経済計画、所得倍増計画などへ続いていく。つぎ込んだ資金は億単位だったが、売上げはそれをちょっと上回る程度だった。でも、関係してくれた研究者にもわれわれにも、達成感はあった。

昭和も終わり、二〇世紀も終わった。ＩＴ化の急進展によって、ケータイやインターネットは生活の一部と化した。本は落ち目のように見えるが、専門書の環境は悪くなっているわけではない。われわれを支持する人々は減っているとは思えない。だから、変わらぬ態度で今日も本をつくる。

（二〇〇七・八）

大石嘉一郎さんを偲ぶ会

昨年一一月に逝った大石嘉一郎さんを偲ぶ会がもたれ、大勢の知友が神田学士会館の大広間を埋めた。六人の研究者が、大石さんの仕事と研究スタイルについて語った。

石井寛治さんは、「大石さんは、恐らく、二〇世紀社会主義の崩壊という大事件を解き明かすには、戦後歴史学のパラダイムだけでは、到底不可能なので、新しい歴史分析の方法の開発と地道な実証研究を君たちに期待すると、われわれに発破をかけられて逝ったのだから、後に残された私たちは、大石さんが抱いた期待の大きさに気づかねばならない」とおっしゃり、西田美昭さんは、「すべての史料に当たる、という大石流完璧主義は、手間暇かかって大変だが、最終的には合理的で意味がある」ことだったと指摘した。また、大石さんの問題意識の所在が、若いときから培われたものだったことも強調した。

安在邦夫さんは、自由民権運動研究に関して話され、大石さんの弟と高校で同クラスだったことなど、幼少の頃の話にも触れた。

武田晴人さんは、「大石さんの段階論的把握と構造論的把握」と題して大石さんの産業革命研究と帝国主義史研究について、「具体的な実証分析としてみると、大石さんが直接立ち入って検討された成果は意外に少ない」が、「それでも研究史サーベイの広さと、その研究の位置づけの見事さによって私たちを圧倒します」と結び、大石さんのように大きな議論のできる人はもう出ないのではないかと、会場を睨めまわした。

沼尻晃伸さんは、都市史研究の視点から、大石さんの人と学問を見る。そして都市史研究の分野で、大石さんの仕事を継承し乗り越えるべき点について二点をあげた。ひとつは「大石さんも答えが出せなかった、近世城下町都市が近世都市に与える規定的意味」を実証的に検証すること、二つは「地域的公共機関」という概念をどのように今後の研究に生かすかである、と。

最後に金澤史男さんは、地方自治、地方財政史研究の視点から、大石さんの絶筆となった『近代日本地方自治の歩み』を編集・解説した立場で、この本の概要を説明しながら、大石さんがこの本を執筆しつづけた日々を涙と共に報告した。

この会がはねて、教え子たちは考えた。この会の報告も含めて追悼文集を作ろうという提案があった。そのご指名は黙って引き受けた。

（二〇〇七・一〇）

大石さんの追悼文集

その追悼文集ができた。弔辞も何も含めて寄稿された人々は延べ八二人に及んだ。校正刷りの全文に泣きながら目を通した。ある人は青年時代を語り、別の人は晩年を語った。そこには均しく、学問の明日を切り拓こうとしていた大石先生の真摯な姿が称えられていた。一九二七年、福島の田舎町の味噌醤油醸造業の旧家に生まれ、長男であったため家業を継ぐことを期待されたが、旧制第二高等学校（仙台）に合格したことから学問に急接近していく。時は戦時であった。多くの級友が徴兵されていった。一九四五年八月一五日の玉音放送は学生の心で聞いた。卒業。東北農村の悲惨な状況、市民生活の憔悴ぶりなどを目のあたりにしていたため、それらの理不尽を解明するため、東大経済学部に入学する。大内兵衛ゼミで日本資本主義の農業問題を学び、その過程で福島自由民権運動と邂逅する。その後、産業革命研究や行財政、都市史へと研究の分野は拡大していくのだが、そのすべての研究の背後には、福島生まれに加えて、二高時代の東北体験と八・一五の屈辱が横たわっているように思えるのだ。

最近、といっても、高度成長を超えて以降、研究の世界、学者も学生も事象の根源に迫ろうとする姿勢が希薄になっている。出版もそうだ。雑誌論文一本にも満たない枚数で「新書」を仕立てる。出版各社の新書狂いは何だ。売れればいい、金になればいい、というのなら、「出版は文化だ」なんて言わせない。話が横にそれそうだが、大石さんが追求しようとしたのは、物事のよって来たる根源だったのだ。平和とか自由とかは、歴史から学ぶという態度なしに語ることはできない。そして大石さんは、研究の推進プロセスの中に、必ず若い研究者を加えた。頭の回転が多少のろくても、話し方がとぼけていても、真面目で前向きでさえあれば、温かい励ましの声をかけ、研究の仲間にし続けたのだ。共同研究として結実したものの多さがそれを物語っている。

そうだ、大石さんは酒豪であった。いや、大トラであった。道に寝ていたとか、線路を枕にして電車を止めたとか、やんちゃなお爺さんでもあった。本郷でそんな片鱗を瞥見《べっけん》したこともあったが、小社があの苦難の九〇年代を乗り切れたのは、そんな希にして剛なる大石さんに率いられた青年たちの群れがあったからなのだ。追悼文集の刊行を指名され、再びその在りし日を偲び、なんだか目頭が熱くなった。

（二〇〇七・一二）

情報に追われる

流対協などの零細出版の集まりに行くと、若い営業マンや編集者を紹介される。若い人のいる会社は羨ましい。「今年の春に某社から移籍してまいりました」。そうか、それでは出版の世界を少しは知っているんだな。いろいろ訊く。愚痴やわがままも聞くことになる。永い出版の不景気に、どの社もふーふー言っている。会社が変わったからといって何かが変わるわけではない。環境は同じだ。売れる本を考えろ、もっと売ってこい、とおやじからガミガミ言われ続けているのだろう。気の毒にも思う。若い頃、上からガミガミ言われたのは同じだが、今のようにずるく、度胸も座って来たのは、四〇年も授業料を払ってきたからだろう。入社したての頃、書店回りをしていて、閉店間近まで話し込み、結局「いっぱい呑んでけ」となって、親爺の講釈を深更まで聞いたり、取材に行った第一勧銀の宝くじ部長に「ついて来い」と銀座のバーに初めて連れてってもらい、店のお姐さんの美しさと香水の匂いに、値段のわからぬスコッチよりも酔ったり、未來社の先代に「目上の者を気易くさんづけで呼ぶな」と叱られたり、といろいろあった。が、そのどれよりも勉強になったのが、自業自得であるにせよ、自社の倒産まがいの事件であった。人の冷酷さと暖かさを同量で味わった。望んでも出来ない貴重な研修期間であった。

零細出版には、何でも起こるが、その全てが仕事や勉強に結びつく（儲かるということではない)。酒呑んでても、叱られてても、失恋しても……。

若者を不憫に思うこともある。「情報」の多さがそう言わせる。朝、出社したら、すぐパソコンでメールの確認と返信。同業や取引先からのＦＡＸや電話。営業だ、と飛び出しても「その件は取次から情報もらっています」。骨休めする喫茶店もなく、一服しようとしたら路上禁煙だ。クソッ。われわれが奪還しなければならないものは、話す人と時間だ。相手も見つからない。話すことは接触であり、接触は摩擦を生む。酒というガソリンが入っていれば加速する。喧嘩になることだってある。そういう場面をつくることができるだろうか。あるいは作ろうと努力するかだ。

ネット上の情報ではなく、人との呼応によって得たもの、それには少なくとも体温がある。温もりがある。そこの新人さん、今なら間に合う。パソコンもケイタイも持たず、今すぐ広場に行こう。

（二〇〇七・一〇）

悔いて振り返る

昭和三〇年代とはどういう時間なのか。最近の写真出版物にこの時代を撮ったものが目立っている。農文協『写真集・昭和のくらし』、フォト・アーカイブス『占領の後』、玉川大学出版部『昭和の時代』、さらに岩波書店『戦後腹ぺこ時代のシャッター音』などと多彩である。昭和三〇年は一九五五年。その二年ほど前に朝鮮戦争が停戦となり、わが国の株式市況は敗戦のショックをふっ飛ばすほどの活況を呈していた。これから開始される高度成長時代へのはずみをつけるものであった。しかし、腹は相変わらず減っていた。人々の食卓は極度にシンプルであり、子どもたちの頭には蚤《のみ》や虱《しらみ》が棲息し、学校でＤＤＴをかけられたりもしていた。政治の世界では、いわゆる五五年体制が構築された。農村では農機具の普及はまだ遠く、牛や馬による代掻《しろか》きであり、村を挙げての田植えであった。力道山が街頭のテレビで空手チョップを連発し、憎っくきアメリカ人を蹴散らしていた。写真集の被写体はそれらのことごとに加えて、筑豊の石炭掘りの現場や、赤ん坊を背負って野球に興じる町の子など、悲喜入り交じっているのだ。

いまなぜ昭和三〇年代なのか。団塊の世代が小学生の時代だった。高度成長を突き抜け、その団塊が定年を迎え始めている。われわれは、いま鱈腹《たらふく》食い、さらに輸入したものさえ余し、捨てている。このユタカさは何なのだ。あの時は、何ごとも手づくりで、何ごとも肉体で立ち向かったのだった。パソコンにしても、自動車にしても、携帯電話にしても、すべてが日々更新され、昨日のことが何年も前のことのように扱われることに、心の奥底でベソを掻《か》いているのではないのか。高度成長は多くのものを壊し、殺し、絶滅させた。土も、水も、空も。果ては友情や恋まで も歪め、伝統や遺産を軽視した。競争社会を生き抜いて、勝利したのは何にだったのだ。充足感も達成感も希薄で、子どもたちにも自慢できない、こんな時代しか造れなかったうしろめたさを隠して、無言であの時代を見つめているのではないのか。本気で戦争や殺人のない時代を築こうとしたのに、それがどれだけ実現したかを問われるとき、ただうつむいて、本気だった時代を抱きしめているのではないのか。「これしか出来なかったんだもの」と、小さく言い訳をしながら。

（二〇〇七・一二）

学問に敬意を持っているか

三八年間、他所《よそ》に行きたいとも思わず、ひたすら編集に従事してこられたラッキーな女性がいた。お名前は町田民世子《まちだみよこ》さん。勁草書房を退職した記念に、今まで書きためてきたエッセーをまとめて『晴れときどき曇り』なる一書にした。非売品なので手に入らなかった。人伝《ひとづて》に聞き、惜しがる女友達《ガールフレンド》から無理矢理借りてきた。

このご本の中に「学術書の編集者の仕事」という大学生を前に講義した一章がある。出版界がいかに小さな組織で構成されているか、専門書出版とはどういうことかなどわかり易く解説してくれている。編集者の資質について次のように言い切る。一に著者や学問への敬意・尊敬・共感をもつこと。学術や知に対して、素晴らしいと思う気持がないと専門書の編集はできない。問題が明らかになったこと及びそのプロセスに対して畏怖《いふ》の念を抱くこと、が編集という仕事の出発点だと。二つは、もっと知りたいという向上心を持つのは当たり前だが、読解力・理解力がなければそれはかなわぬことだ、と。おバカさんではムリ？　と遠回しにチクリ。きつい指摘です。思わず社内を見回してしまった。

嬉しいことだってあるんですよ、とバランスもいい。編集者のいちばん嬉しいことは、考え続けてきたテーマに対して著者がみつかり、その執筆を承諾してくれた時だという。モヤモヤが一気に晴れるときだ。原稿ができあがるのを待っているとき、それを受け取ったとき、本になったとき、売れたとき、重版したとき、評判がよかったとき、いっぱい嬉しさは続きます。自分で企画したものが売れたら、社内でも白い眼でみられないし、嬉しいはずだ。苦しいことはないんですか。ある。帯の文章を考えるとき、タイトルが決まらないとき、本が売れないとき、これは編集者も辛いが、販売を担っている営業部員はもっと辛い。わが社をまた見回してしまった。

刊行予定を何ヵ月も遅れるもの、翻訳原稿が何年もあがってこないもの、執筆にもかかってないらしい著者、妻が病気になった、母が呆けた、とこういう問題は日常に起こっている。こういうさまざまな仕事《できごと》に対応しなければならぬ、編集者の仕事という幅の広さを思わずにはいられない。「原稿が来れば何とでもする」と啖呵を切るのはたやすい。その前段、著者が原稿を仕上げる過程にどうかかわるか、かかわれるかということだ。「書くのはわたしじゃないもん」というのは愚痴であり居直りでさえある。食材を切り刻むだけが料理人ではない。畑を見回り、害虫を駆除することにかかわらなければ著者《ひと》と編集者《ひと》との共同作品として、「文句あっか」と胸をはる本は拵えられまい。……深く考えさせられたし、爽快な本でした。町田さんありがとう。

（二〇〇八・二）

野田正穂さん

一九七八年か七九年のことだ。もう三〇年も前のことになる。法政大学の野田正穂、和光大学の原田勝正、学芸大学の青木栄一の三博士とわが社との間で、わが国鉄道史に関する資料集をつくろうと話が盛り上がっていた。いま小社の倉庫に積み上げられている鉄道史資料は一六六巻にもなって、われわれを見下ろしている。「明治期」「大正期」「昭和期」と時代区分され、延べ一二年の月日を費やして刊行された。われわれの努力もあったが、これを企画し、監修してくれた三博士の長い間の惜しみない指導があったればこそとも思う。この資料集はよく売れたので、経営に貢献したこともはかり知れなかった。感謝している。

その三博士のお一人、野田正穂さんが三月七日癌で逝ってしまった。資料の制作に最初から携わってきた編集の谷口京延に連れられ葬儀に行ってきた。祭壇を見て息を飲んだ。その数にではない。共産党地区細胞の献花が何本もあり、反体制的研究会や生協団体の名札も林立していた。片倉和夫さんの経営する八朔社の花も、堂々とある。どういう関係なんだろう。

そうだ、私が野田先生を気になる人として意識し始めたのは、鉄道の資料集よりもずっと以前、『銀行研究』の編集部に籍を置いていた頃、全銀連（全国銀行労働組合連合会）の残党《いきのこり》が組織した「銀行労働研究会」の機関誌に寄稿した野田論文を読んだことからだった。私の心は青かった。民主的金融とはどういうことか、資本主義の前衛である金融機関労働者は革命の前衛たりえない、などと、質問というよりは言い掛かりに近い議論を吹っかけたものだった。先生はイヤーな顔をして私を記憶に留めたのだろう。長じて、日本経済評論社の応接室で野田さんと面談することになろうとは、運命も意地が悪い。一九八六年、先の三博士に、青年博士老川慶喜さんを加え、概説書『日本の鉄道――成立と展開』を上梓した晩、一度だけ神保町の夜を共にした。私は過去の非礼を詫び、現在までの配慮に謝した。先生は笑って許してくれた。存命中に勇気をだして謝まれたことに、今はホッとしている。

『赤旗』の訃報記事を紹介しておく。「長らく日本共産党全国学者・研究者後援会の事務局長を務め、代表世話人として日本共産党躍進に尽力した、経済学者で法政大学名誉教授の野田正穂さんが（三月）七日食道がんで死去しました。七九歳。著書に『金融のはなし』『日本の金融機構』『日本鉄道史の研究』など。銀行の貸し手責任を問う会代表世話人。一九四七年入党」。入党はマッカーサーが二・一ストを中止させた年だ。先生は一九歳にして占領下のパルタイの隊列に加わっていたのだ。ご冥福を祈ります。

（二〇〇八・四）

色川大吉さんの本

色川大吉さんの手になる「昭和自分史」の『廃墟に立つ』『カチューシャの青春』（どちらも小学館）の二著を面白く読んだ。三冊目も出すと色川さん自身が予告していたので楽しみに待っていた。ところが、正確には知らないが、飲み屋での飲兵衛仲間のうわさでは、売れ行きがよくないとかで、三冊目を小学館は出さなかった。売れないから出さないとは、だらしない決断だな。

その責めを、岩波書店が（すんなりと）負った。えらいっ。もちろん、すぐ買ってきた。詳細は別の機会に譲るが、色川さんが妻や子どものことをこれほど書いたものを知らない。

安保闘争敗北後の選挙について色川さんはこう書く。「しかし、第二九回選挙で圧勝したのは、私たちが予想したとおり、池田の自民党で、社会党はその半分にも届かなかった。民社党と共産党は惨敗した。安保の展望を示せなかった左翼より、わかりやすい所得倍増の経済成長政策を打ち出した池田の自民党に大衆の期待があつまったのは当然であろう」と。民衆史、自分史を力強く開拓した色川さんについては、松尾章一さんの『服部之總伝』が出来たときにまた書こう。

（二〇〇八・四）

NR出版会のお仲間

小社が、日本書籍出版協会（書協）だの神田法人会に加盟しているといっても、大して面白くないだろうが、「NR出版会」に加盟しているといえば、へぇ、それはどんな団体かと聞きたくなるだろう。二〇〇四年、論創社の森下紀夫さんに誘われ「儲かる会なんだね」と念を押して入会した。

この会は今を去ること四〇年前、亜紀書房の棗田《なつめだ》金治さんや新泉社の小汀良久さんが若かった時に、従業員一〇人以下、社歴五年以下の人文書を出版している社を条件に八社で組織したことに始まる。何で「NR」なのか。ノンセクト・ラジカルともいうし、返品ゼロをめざしてノーリターンと読んだ人もいる。栄枯盛衰、出入りもあり、また倒産・消滅してしまった社もある。現在、小社を含め一二社がいる。毎月の例会があり、会の新刊・重版情報を全国に流し注文をもらうのが主たる仕事だ。去年から始まった大学生協での巡回ブックフェアーは、売上げは小さいが、これに参加することで、今日も生きていることを実感している極小出版たちである。先月、会の総会があり、それがはねてから、新幹社の高二三《コイーサム》社長と呑みに行った。彼は呑むにつれ、メートルがあがり、お喋りになった。「わたしは、儲かることよりも、人と話しているのが好きだ。年を越え、国境を越え、性別を越え人と人が高めあうことは何ともたまらない。これからも、この仲間たちと話すことによって企画も営業も精をだしていきたい」。そのうち「君は同志だ」なんて言い出して、こちらをどぎまぎさせた。貧しいことは良くないことだが、小銭を持って傲慢になるよりも、貧乏していて純真な人の方が危険を感じなくて心は安まる。午前様になってしまった御徒町の夜だった。

（二〇〇八・四）

疾風《はやて》の如く

人との出会いは意図してできるものではない。小学校の同級生も、大学の友人も、会社の同僚や上司だって、選ぶことは難しい。そこに居あわせたからこそ、出会えたのだ。出会いとは、単に顔見知りになることではない。ともに仕事をし、心を通わせ、感動を共有するところにまで高められて、初めて関係は成立する。「あの時、あなたに会いさえしなければ……」とか、「あなたがその時居合わせたから」とか、喜びや幸せにつながることも、あるいは、悪い運命に連続することも、必ず私に影響を与えたあなた（他者）がいて「出会い」となる。日頃の会話のなかで、「あの時お前に会わなけりゃ」につづくのは何だろう。「所帯はもたなかったろうに」か。これは否定的だ。別の言い方もある。「あの時あなたに会えたので」、これには感謝の言葉がつづくはずだ。今、自分を取り巻く人、自分がとりかこんでいる人について考えてみる。離ればなれになっても疎遠にはならないだろうか。それでも一緒に仕事をしたいと思い続けるだろうか。人の心は弱く、怠惰でもある。出会うということは、ずっと一緒にいたいということだ。遠隔地恋愛がお二人の、涙ぐましい努力がなければ成就するのは難しいことに似て、出会うことはできても、それを持続させるのは難儀である。出会えば必ず別れがある。過去のよかったことや、喜びはみんなあなたのお蔭としよう。そして悲しかったことや失敗は、自分の至らなさと観念しよう。

二〇〇五年の夏、その娘と出会った。小社の編集部員募集に応じてきたのだった。面接用に借りた信用組合の応接室で、待ち受けていたわれわれの前に、真っ黒なスーツの彼女が現れた。二〇数名の応募者全員に面接した。優秀な若者たちのなか、彼女を一等賞で採用した。七月初めより出社。老舗平凡社で働いていたので、即日、戦力として隊列に加えた。びっくりしたのは、初めての編集会議で、臆面もなく企画の提案があったことだった。平凡社時代から考えてきたことに違いない。「戦後の思想空間を再考する」というシリーズである。今まで、われわれの編集会議では、一ぺんも出たことのない名前が飛び出してきた。竹内好、前田愛、谷川雁、橋川文三……。

おいおい、ここをどんな出版社と心得るか、とは言わなかった。われわれは戸惑ったが、たじろぎはしなかった。「こういうプランを実現させるには、外の著者よりも、ここにいる老編集者を口説くのが先だ。じっくりやりな」と誰かが応じて、座を鎮めた。彼女は目をパチつかせたが、安堵したようだった。閑《しず》かにだったが、彼女はそれを進行させた。何ヵ月か経って、勤めたこの会社が貧しいことに気がついた。住み心地をよくしようと、営業的な提案が出てきた。ホームページ上の情報が雑である、新刊刊行時の対応がのろい、DMも気まぐれっぽい……。よくおっしゃるね。先にいた者まで、そうだそうだなんて呼応するではないか。何人かは少し白い目をして聞いていた。担当した本が上がってきた。彼女の担当したものは、不思議と売れた。三ヵ月の内に三度も重版したものもあった。定価も安くないものだ。縁起を連れてくる編集者が来たかと思った。

また一年が経った。今度はフレックスタイムの要求である。彼女はキャリアを自認する。会社に管理されている労働時間を取り返し、自分で管理する時間の中で本を作ろうと企んだのである。本はそういう時間の中で作られた方がいいのかも知れない。本は強制されて作るものではない。コストやリスクも考えずに作られた方が、本は幸せだろう。あまりに、あまりに根元的な口振りに心が揺さぶられたが、この要求は、倍の弁舌を繰り出し、お断りした。凹むかと思ったら、何のことはない。翌朝もあっけらかんと遅刻してきた。

入社早々提案していた「戦後思想」のうち、竹内好のセレクションがまとまってきた。大学と提携したシンポジウムを成功させ、小社にとっては珍品に属する本なので、世間も関心を寄せてくれ、評判もいいと思った。天は手ばなしで喜ぶことを許さない。ある熱心な読者の指摘する誤植話が肥大化して、作り直すことを決意した。この事件は、彼女にも会社にも、多くの教訓を残した。仕事には検品が必要である。読者の目は節穴ではない。慣れないことは慎重にやれ。その反面、失敗してもいい、フォローするから思い切りやってみろという、先輩や上司の賭け心も大切であること。配本した本の回収や、作り直しは、願ってやれることではない。こんな奇妙な決断と出費を強いたのも彼女であった。一〇年二〇年もの同じ顔ぶれは、マンネリ化する。これをちょっと乱暴だったが破ってくれたのも彼女だった。その彼女がご自身の都合により、退職すると言ってきた。引きとめの言葉はかけず、退社を了解した。疾風怒濤で、おさわがせした安井梨恵子は六月で辞めます。ご指導くださった先生方、ありがとうございました。数ヵ月後、彼女の座っていた椅子には誰が座っているか。残った者はまた明日も本を作っています。（二〇〇八・六）

楽しい出版界のお話を

錦華公園下のバー「忍」で、明治大学の学部長さんたちと隣りあわせた。今、わが社は決算月であり、一年間の納品や返品の計算をしたり、作り過ぎた本の処置を段取りしたり、あるいは、年初からの出版業界の悲痛な出来事を思ったりしながら一日を過ごしての夜だった。心が沈んでいたのだろう。また、出版の世界に身を置く自分の運命を逆恨みしていたのかも知れない。話がが、聞いている方々はそこまで斟酌していなかった。私は哀しい話をしているつもりだったが、出版社を希望している学生たちに、その楽しい業界話を聞かせてやってくれ、ということになった。私の話なんか聞いたら、誰も出版社なんか志望するまい、と思い躊躇したが、以前、「出版界は君たちを待っている」と題した講演を頼まれ、「私たちは君たちを待っていない」と大変失礼な話をしてしまったことを思い出し、その謝罪も込めて承諾した。

出版の世界に身を沈め何十年も生きてしまったが、「出版社になんか来るなよ」と言うのは、資金繰りの忙しさを毎日体験しているからだ。しかし、出版を希望した誰しもが、資金繰りなどを担当するわけではない。出版社志望ということは編集者志望であり、資金繰りを考えるために出版を希望する者はいない。出版＝貧乏という等式は、私には当てはまるが、普遍の原理ではない。出版という仕事をしてみたいと本気で思い詰めている学生に失礼なことだ。

だからといって、出版の世界が富裕であるなどと、嘘の話をするわけにはいかない。明大の大教室で、まず、業界の構成について話した。業界全体の売上は二兆二千億円だ。学生には、これが大きいのか小さいのか分からないだろう。トヨタ一社で売上二六兆円、利益が二兆二千億円で出版界総体と同額だと補足した。そして、出版社を名乗るところは四〇〇〇社以上あり、五〇人以下の出版社が業界の九割近くを占めていること、年間一〇〇点以上出版している会社は一六四社しかないこと……出版は小零細で埋め尽くされていることを理解してもらった。

出版社は、年間どれだけの本を出版すれば平和に食っていけるか。わが社は一一人で六三点出して、点数順位で二七五番目だが、生活は苦しいと力説。とにかく金が目当てで出版社に来るな、人とのつながりを求め、呼びかけとその呼応を大事にしたいと思う者が来いと。編集者の条件については、小誌の数号前で紹介した町田民世子さんの指摘を借用し、「著者や学問への敬意・尊敬・共感をもつこと、知りたいという向上心とともに読解力・理解力をもっていること」を強調した。出版社には編集者だけではなく、営業や倉庫管理もあることを付け加え、ついでにバカ編集者とはどういう編集者かも話したが、ここには書かない。

こちらからも質問した。私が何者かを知っているか、日本経済評論社とはどういう会社か、ホームページを覗いてきたか、と。参加している数十人の学生の、誰一人そういう行為はして来なかった。「予習とはそういうことを言うんじゃないの」とやんわり。文学部ということもあり、女子大かと思うほど瞳の輝く女学生が目立った。熱心に聞いてくれてありがとう。私の話が役に立つかどうか心許ない。青年たちの前途に幸多きことを願う。

（二〇〇八・八）

私どもはかくありき

京都に本社をおく弘文堂は、明治時代からつづくしぶい専門書の出版社である。その出版社に、戦後出版史に欠くことのできない二人の社員がいた。二人は一九五一（昭和二六）年秋、そろって弘文堂を辞めた。一人は未來社を興した西谷能雄さん、もう一人は創文社を立ち上げた久保井理津男さんだ。弘文堂を辞めた経緯は、ここでは問題ではない。編集部と営業部に在籍した二人が、何を目標とし、何を幸せと感じながら、戦後の出版史にあとかたを遺したのであろうか。二人が退職したのはその年の一〇月末日である。西谷さんは、旬日を経た一一月一〇日には木下順二『夕鶴』（定価三〇円）ほか二点を同時に刊行している。久保井さんは少し遅れて一二月一五日、団藤重光『新刑事訴訟法綱要』（定価五三〇円）ほか二点を処女出版として出発している。

西谷さんは『夕鶴』などでデビューしたものだから、取次から演劇出版社を作ったと誤解されたという。西谷さんは演劇の本を作ることを目的にしたのではない。講談社も岩波もやらない出版、あるいはやれない出版を目指したのだ。その一つが『夕鶴』であったにすぎない。幼少を佐渡の寒風に晒して育った西谷さんは、反権力、反権威を心棒に、何のために、誰のために、どんな本を作るかを追求しつづけてきた。頑迷固陋《がんめいころう》と自分も他人も言った。こういう人間を好く人は少ない。だが創業時から数年のうちに出版した作品は、戦後を永く読み継がれることになる。先の『夕鶴』をはじめ、内田義彦『経済学の生誕』、野間宏『人生の探求』、花田清輝『アヴァンギャルド芸術』、小林昇『重商主義解体期の研究』、丸山眞男『現代政治の思想と行動』、石母田正『古代末期政治史序説』等々である。誰の書棚にも一点はあるだろう代物である。

久保井さんも団藤さんをはじめ、柳田謙十郎、高坂正顕、石井良助、唐木順三、上原専禄、桑原武夫というパレードを展開する。久保井さんは熱血というより情と信念の人にみえる。貧乏も身に沁みているらしい。編集に一度も籍をおいたことがない久保井さんが、前記のような著者を揃えることができたのは、たぶんその誠実さによるものだろう。お二人に共通するのは、出したい本のためには貧乏を恐れていないことだ。わが身を思う。貧乏には難なく到達することができたが、出版人に不可欠な出したい本のために貧乏するという強靱な精神には、足許にも及んでいない。不甲斐ない。

実は、小社も四〇年に近い社歴を践《ふ》んでいるのに、著者や読者の方々との距離が測りがたく、ある種の不安や焦燥が襲っていました。確たる証拠はありませんが、私どもの思いや行動が皆様に伝わっていないのではないかと思うようになりました。そこで、いままでのわが社の歩みをたどりながら、その都度、何を考えていたのか、それとも何も考えていなかったのかをまとめてみようとしました。（本が売れないと内向的になるのか）西谷さんや久保井さんの書き物を再読したのはその手がかりをみつけたかったからです。

それが先頃、冊子にまとまりました。題して『私どもはかくありき——日本経済評論社のあとかた』（Ａ５判、一三〇頁）です。こういうものは、何周年かの記念に出すべきものなのでしょうが、それまで待てずにまとめました。若干、私的な思い入れもあり堂々とした「社史」にならず、社員に容認された「私史」になっていますが、決して「自分史」ではありません。傷ついた人がいましたら、済まなく思います。

それにしても、人の記憶とは何と愛おしいものなのでしょうか。当時辛いと思っていたことが、今になると何でもないことになっているのです。そしてそのころ愉快に思っていたことがとてもくやしいこととしてあるのです。ですから、タイトルにした『私ども……』の「ども」とは誰のことかと議論にもなりました。ある局面について、感じ方が裏表ほどちがうのです。それらのことごとを、今更一致させては嘘になります。柴又の寅の言う「てめえどもは」の「ども」です。ご理解ください。なお、巻末に創業以来の全刊行物を並べてみました。それはくどくどしい能書きよりもわが社の多くを語っているでしょう。ご希望の方にはお送りいたしますので、お申しつけください。言葉通りご笑覧くださって感想など聞かせていただければ、励みになります。

（二〇〇八・一〇）

『かくありき』のあとで

昨秋、お送りした非売本『私どもはかくありき——日本経済評論社のあとかた』は、抗議めいたお言葉もなく、沢山の方からお便りをいただきました。何もおっしゃって下さらない方もおりますが、怒ってはいないと推測しています。中でも、最も多くの方が注目してくださったのが、巻末につけた「刊行書目一覧」でした。図書館関係者からの声です。ページ数や定価はどちらのものにもありますが、初版部数、編集担当者、印刷・製本、あるいはカバーデザイナーの名前まで記されていることを「評価」してくださる方が多かったことです。「初めて見た」とかいう方もおりました。そうかも知れません。初版部数などは、ある種、企業秘密として考えられてきたし、担当編集者を明かすことは、これまた業績評価か個人情報漏洩とお叱りを受けるかも知れません。公表前には多少の逡巡はありました。なにしろ、今は在籍していない担当者も大勢いるのですから。
また、本文に関しては、一〇年目に社が危機的状況に陥ったとき、どうやってはいあがってきたかが興味をもたれたようです。銀行とのやりとりとか、本の叩き売りとか、倉庫の火事とか。人は、やはり他人の悲劇やピンチは楽しいことの一つらしい。「むちゃくちゃ面白い」と言った同業者もこの部分でした。経営が平らに戻らず、倒産していく過程が知りたかったと書いてきた人もいます。これは無理。会社があったから書けたのです。別の人は「本を押し売りみたいに、売っていたのですね」という感想。そんなことはありません。本は押して売れますか。そして、何よりもこの記録を正確に読みとってくれた人がいました。四〇周年でもない三八年あたりで社の記録をまとめるということは、「今日われ生きてあり」と言いたかったのだナ、と。そうです。われわれは、これからも、ヒトとして棲息するのではなく、人間として活きよう、という内外への呼びかけでもあったのです。ありがとうございました。

（二〇〇八・一一）

『私どもはかくありき』について寄せてくれたいくつかのお手紙を紹介します。

中村政則さん
『私どもはかくありき』を有難うございました。昨夜一気に読ませていただきました。栗原さんの出版哲学、人生哲学がよくでています。『東京経済雑誌』総索引の御苦労（金沢幾子さんから聞きました)、「本は誰がつくる」は印象に残ります。これまで私は本を書く場合、編集者のことばかりを考えてきましたが、本の制作はまさに「総力戦」なのだと思いを新たにしました。「いい本をつくっても、売れなくて文句あるか」など江戸前の啖呵も、「会社は金をかせぐ所ではない、しかしかせがなければ生きていけない」の良心的出版人の本音には、ほろりとします。

私が一橋大学と神奈川大学に勤めていたころ、私の研究室に谷口京延さんや他の社員が本の宣伝にいらしたことがありますが、「営業」がこれほど多くの仕事をこなしていることに驚きました。小出版社の経営内容をこれだけあからさまに語った本も珍しい。私は以前から栗原さんの文章のファンでしたが、今回はまとめて楽しむことができました。ご健闘を祈ります。二〇〇八年九月三〇日。

林健久さん

ご無沙汰しています。ご本お送りくださりありがとうございました。小生まで登場させていただき、光栄です。あのころまでは貧乏物語で、そのあとどんな致富物語が展開するかと思いましたが……清く正しく美しくが分相応のようですね。それにしてもNIRAの仕事、多少は経営の足しになったのでしょうか。

NIRAといえば、あの頃の資料集の制作進行のほとんどは新井(由紀子)さんの手になると書かれていますが、そうとは知らず貴君や谷口君だけがやっていたように思い、打ち上げの会でお会いしたとき、ほとんどお礼を申し上げなかったことが悔やまれます。遅まきながらご鳳声賜れば幸いです。

風呂場で「橘中佐」や「戦友」をうなっている身として、「水師営の会見」には笑ってしまいました。暉峻（衆三）さんの想いはともかく、幼年・少年時代に芸術の香り高い音楽を身につけておきたかったですね。お互いに。

そのうち、「あくね」さんを偲んだり、誰彼を誉めたりけなしたり、うまい酒を呑む機会をもちたいものです。ご健勝を祈ります。九月三〇日。

米田卓史さん

ご本ありがとうございました。一気に読みました。

登場される著者や著作物につき、圧倒的に知らない方が多いのですが、読みだしたら巻を措く能わずで迫力満点です。「ドラマチックな会社」です。

それにしても私には考えられないような重厚長大なシリーズものの出版、また殆どいつも断崖絶壁に立たされているのに「共思」（！）の関係を意識しつつ「出版の志」を保たれている姿には心打たれるものがあります。西谷さんが応援されたことも、ムべなるかな、です。貴方はどちらかと言えば「さむらい」なのでしょう。「農民」というのはどうかと思います。

エピソードもいろいろ面白く拝見しました。

様々な研究会などの立ち上げに参加されたこと（それらが長期にわたり、かつ出版活動に接続したこと）をはじめ、例えば大来佐武郎氏が「戦後問題研究会」第一回会合を敗戦翌日に予定通りひらいたことにはびっくりしました。また、西谷さんが一緒に取次まわりをされたこと（西谷さんは俠気の人と思います）、某取次の重役さんが酒宴で本を「海に放り込む」と発言したこと（これは私も知っています。重役さんも「俠気」に駆られて言ったのでしょうが、西谷さんのそれとは質が違うと思います）、角川二代目批判にも、栗原さんの面目が窺えます。その他等々。

〇八・一〇・一四。

『蟹工船』が売れている

神田・東京堂書店で頼んだ。「『蟹工船』が青少年に読まれているというが、私も読んでみたい。現在売れている小林多喜二の本を、いくつか揃えてもらいたい」と。三階フロアの聡明そうな女店員は、可愛いい笑顔で「ちょっとお待ちください。すぐに揃えますから、店内をご覧になっていてください」と愛想がいい。一〇分もたたないうちに、彼女からお呼びがかかった。新潮社、第三書館、岩波書店、そして『マンガ 蟹工船』まで揃えてくれた。この本、読んだのは何年前だったろうか。大学を出て、プロレタリアートの人生を踏みだしたころだったろう。虫けら以下に見下される蟹工たちが、徒党を組んで監督やらに刃向かおうとすることに、言いしれぬ共感を覚えたものだった。友だちもなく、これから何十年も会社勤めをしなければならない不安がそう思わせたのかも知れない。結局、東京堂で『マンガ 蟹工船』と週刊金曜日が雨宮処凛・野崎六助の解説つきで出しているものを買った。「おい、地獄さ行《え》ぐんだで！」と、酒臭い男の科白で始まる冒頭句には覚えがあった。野崎六助の注記は、懇切丁寧だが、これほどまでに詳しい注記がなければ、一九二九年当時の蟹工たちの言葉は、現代では解り難かろう。死語と思えるものもある。「蚤」「虱」「つかみっ鼻」「南京袋」……。そんなこと知らなくても、当面の生活に不便はない。

どんな人が読者か、巷間フリーターや派遣労働者など生活不安定な青年たちが共感をもっているのではないか、という。連帯してヤツ等の勝手を許さないということに痛快を感じてもいい。だが、それだけなのか。その先に発言や行動や示威は用意されているのか。

『蟹工船』を読んで何になるとか、意味があるか、と言おうとしているのではない。自分が不条理に扱われていると気づいても、それを力に変えるのは容易なことではない、と言おうとしているだけだ。若い人たちは、つい先だってまで、会社にぶらさがって、一生へいこらして生きるのはイヤだ、自分には他人と違った自分の仕事があるはずだ、自分探しが青春だ、と言って会社人間になることを拒んでいたのではなかったっけ。われわれの時代はもっと往生際はよかった気がする。会社に帰属することは善ではないが、決して悪でも恥でも不義でもない。村が崩壊し、田畑が荒れ、村人たちは行き場を失い、会社という村に住みつき、水も土もない田畑を耕しているのが現代であることを忘れてはいけない。資本主義社会とは、会社社会の別称なのだ。会社人間を軽侮していなかったか？　独楽鼠《こまねずみ》のごときサラリーマンを舐めていなかったか？　今はバブルの時代ではない。派遣はつらい、仕事もない、それはみんな大人が悪い、という泣き言の合唱は「バブルよもう一度」と願望しているのではないことをはっきりさせておこう。

不満や不幸はたしかに連帯をつくることのきっかけにはなる。なるけれど、『蟹工船』を読んだだけで会社や資本に立ち向かえるか、ぶち切れない連帯をつくれるか。（二〇〇八・一二）

「本庄事件」を復刊する

一九四八（昭和二三）年の夏、埼玉県北部の本庄町に展開された暴力追放・町政刷新運動は人々に「本庄事件」と名づけられ、心ある「年表」には誇らしく記載されている。最近では「本庄事件」というと一九九六年に起きた保険金殺人事件を想起される方がほとんどだが、それではない。一九四八年といえば、敗戦からの復興も緒についたばかりであり、占領軍は「日本民主化」に腐心していた時期である。ここでお伝えしようとする「本庄事件」は、次のようにして始まった。

本庄は繭《まゆ》の集散地・生糸の町である。隣接する群馬県のブランド「伊勢崎銘仙」の名で、京都をはじめ全国に出荷されていた。全国生産量の三分の一を生産した時期もあった。当時は統制経済下であった。繊維製品も例外ではない。厳しく取り締まられていた。この統制違反、つまり闇取引の発覚と、それをもみ消そうとする町会議員や暴力団ボスが動きだした。警察を接待しろ、飲ませれば事は大きくできまい、こういう風土である。織物業者が警察や公安委員、町長まで招んで芸者を揚げての宴会。新聞記者も招ばれていた。朝日新聞の新米記者岸薫夫《ただお》さんもその宴会の場にいた。それが彼ら闇グループにとってケチのつきはじめであった。うさんくささに気づいた岸さんは「検事、警察官招宴に疑惑」という見出しで記事を書いた。それに不快を感じた町会議員（親分）が、公衆の前で岸さんを殴った。暴力団と町政の癒着に感づいていた朝日は、自社の社員が暴力をうけたことをきっかけにして、暴力追放キャンペーンを開始した。町の読書会に集まっていた青年たちもそれに加勢し、町中が大騒ぎになった。過程を省くが、結局、町民大会を開くところまで発展し、町民の要求は半ば満たされていく。後で、ＧＨＱは「果敢に闘った」と朝日を評価し、他の新聞社には「勇敢な闘いを挑まなかったことは不思議で奇怪である」とクギをさした。そんな数ヵ月の事件である。戦後すぐの時期に、埼玉の田舎町で起こった戦後史には特記すべき事柄だが、これは町の財産として語り継がれているのだろうか。ペンは本当に剣よりもつよかったのだろうか。いつか、赤城の山容を仰ぎながら、本庄の町を歩き、町人の話も聞いてみたい。そして朝日新聞浦和支局の面々でつくった『ペン偽らず――本庄事件』（昭和二四）を復刊し、現在の青年たちと話し合ってみたいとも思う。

（二〇〇九・二）

本庄事件とは――杉山喬記者の証言

※『ペン偽らず――本庄事件』を復刊しようと思い立ち、何年か気にかけていた。当時の朝日新聞記者を訪ね歩いているうちに、浦和支局にいた杉山喬さんのことをつかんだ。横浜に住んでいる内田潔さ

んが杉山さんの談話テープをもっているという。杉山さんはすでに亡くなっていたが、娘さんが高崎におられることをつきとめた。内田さんに同伴願い、娘さんに許可をもらいに高崎まで行った。そのとき入手したテープから一部を紹介する。

本庄町に岸薫夫という若い記者がいたのです。東大の法学部を卒業したてで、アルバイトで本庄の通信部員をやっていたわけです。お母さんと妹二人の四人暮らしの自宅に、「本庄通信部」という看板をかかげ、本庄を取材し、その原稿を浦和支局に送るという仕事をしていたのです。当時の新聞は、見開き四頁です。時にはペラと称する二頁しかないものもありました。

先程も言いましたが、日本の闇経済は東京ばかりでなく、地方都市、田舎、日本全国津々浦々まで覆っていたのです。人々は皆んな、着物、洋服など古着をリュックに詰め、田舎に買い出しに行くのです。百姓と交渉して、米だとか芋などと物々交換してくるのです。これを食いながら配給食料の不足を補っていたのです。駅にはいつも検問が張られていて、時々大量に没収されるわけです。八高線に大きな事故があって、買い出しをした列車が転覆したことがありました。朝日グラフの編集長をしていた飯沢匡が「食うために死せり」という見出しをつけて、飯能付近の悲惨な脱線事故を報じていたことが、強い印象で残っています。

もちろん本庄も、ご多分に漏れず、闇経済が横行していたのです。

本庄の闇はどういうものか。伊勢崎銘仙の闇なんです。本庄から利根川にかかる坂東大橋《ばんどうおおはし》を渡ると、豊受村《とようけ》というのがあり、そこには大量のハタ織機があり、戦前は伊勢崎銘仙を大量につくっていた村でした。軍の衣料や落下傘などに使われていたと聞いています。あるいは風船爆弾の材料にしていたかも知れません。

伊勢崎銘仙は全国に知られた銘柄だったのです。その伊勢崎銘仙が、戦後なぜ急速に復活したかというと、軍の調達用物資が大量に残っていたからです。それを加工し銘仙にし、本庄駅から京都に向けて出荷していた。おそらく西陣あたりで西陣織として市場に出ていたのでしょう。そうやって出荷されていたものは、実は闇なのです。

当時の統制経済はきつく、衣料や食料は厳しく取り締まられていました。これをかいくぐって、軍の衣料を買い占め、加工し、闇で出荷し儲けている。このことを岸君はすっぱ抜いたのです。それは普通の記事として県版のトップに出たのです。

が、その後で、今度は豊受招宴事件というのが起こったのです。豊受の鉱泉旅館に本庄町と豊受村の公安委員、警察の署長さん、幹部のじいさんなどが集まった。そこには新聞記者も招待されていた。宴会は何ともわけの分からぬ宴会だったのですが、その宴会の席で岸君が知ったことは、公安委員の打ち合わせとか、懇親会という名目だったが、そんなものではない、ということでした。これは豊受村の銘仙業者が招待している宴会であり、そして、伊勢崎銘仙の闇の出荷業者たちが、本庄町並びに豊受の警察と公安委員を招んで、銘仙の取り締まり緩和、手心を加えて貰おうと訴えている宴会だということでした。スピーチの端々にそういうことがいっぱい出てきているわけです。坂東大橋が一番大きな検問所だが、ここを渡らなければ銘仙は本庄駅まで持っていけない。坂東大橋の検問を手ぬるくしてくれ、という要求だったのです。

で、岸君は非常に迷って、私に電話をかけてきたのです。

自分はこの宴会に記者として招ばれている。酒は呑めないが、宴会に招待されてそこで一晩過ごしたことは事実。この後ろめたさがありながら、目の前で闇に対する取引が行われている厳然たる事実を、新聞記者として見過ごしてしまっていいものだろうか、というのです。この宴会はオフレコの宴会なわけです。実に日本的な曖昧さにおいて、こうしておけば新聞記者は書かないだろう、という条件をつくりあげているのです。

私は、岸君に即座に答えました。それは記事にすべきだ、と。

岸君は記事を書きました。その記事を書いて数日の後、今度は本庄区警察庁の新庁舎落成会がありました。岸君は新聞記者クラブとして出席したわけです。その席で大石和一郎という町議であり警民協会専務理事が、岸君を殴りつける事件が起きたのです。

大石に側に来いと言われ、岸君が行くと「まあ一杯呑め」と言った。岸君は「僕は酒は呑めない」と断わった。すると、やにわに大石は「貴様、この間の記事は何だ」と言って殴りつけたのです。事件の始まりです。

大石という男は、かつてヤクザの親分だったのですが、本庄のシマ、つまり縄張りを弟分の河野に譲り、河野は河野組をつくったのです。大石と河野は兄弟分ということになっていた。その河野組の組員と称する者が、岸君の家にやってきて呼び出しをかける。岸君は身辺に、非常な危険を感じ、本庄の通信部から逃げだしたのです。

翌朝、浦和支局に出勤すると、デスクの上に岸君が寝ていたのです。何だ、こんなところにいて、どうしたんだ、と私はびっくりして問いました。普通、支局には支局長が常住することになっているのですが、佐山忠雄支局長は特異な人であり、特別な許可を得て、荻窪の自宅から毎日通っていたのです。支局の留守番は古手の田島金一郎という人が引き受けていました。この朝は岸君と私の二人だけだったのです。

岸君の話はこうでした。

実は、本庄でこういう事件が起こった。このことを相談するために、荻窪の佐山の家を訪ねて行った。すると、佐山支局長に「君は嘱託である、正規の朝日の社員にはなっていないのだ、アルバイトの君が公式の宴会に出て、このような事件に引き込まれる、あるいはいざこざを引き起こすということは、困ったことなのだ、君はもう少し自分の身辺言動に注意しなければいけない」、こう言われて帰ってきたというのだ。

私はこの話を聞いたときに、筋が通らんと思いました。アルバイトであろうと何であろうと、朝日から嘱託を受け、記事を書き、それが新聞に載っている以上、外部の人から見れば、それは朝日の記事なのです。

私は、非常にこだわった気持を持って、午前中に予定されていた埼玉軍政部の会合に出たのです。埼玉軍政部は、アメリカから適当な記者をつれてきて、日本の新聞記者に対し、新聞の書き方、取材の仕方などを教育していた時期なのです。このとき講師として来ていたのは、ニューヨーク・ポストのガレットという記者でした。僕は今だに忘れない、よく覚えているのです。コカコーラとか煙草とかサービスしてもらった。

講演が終わった後で、何か質問はないかということになった。私は立った。今日の話は大変参考になり、よくわかった。私から聞きたいことがある。朝日新聞の本庄町で、こういうことが起こっている。こういう問題がアメリカの新聞で起こった場合には、アメリカの新聞記者はどう解決するのか。新聞社はどういう態度をとるのか。つまり、自由と民主主義における新聞の対応はどういうものなのか、具体的に教えてほしい、と聞いたわけです。

ガレットは、それは大変重要な話だ、と答えました。そして即座には返答しかねる、私には同じような講演があって、これから千葉県に行くところだ。二日後にもう一度ここに来る用事がある。そのときあらためて君に会いたい。考えておく、君の名刺をくれたまえ、ということで名刺を渡したのです。

ところが、二日たっても、三日たっても返事がなかった。なんだ、あいつ忘れたんだなと思っていました。ところがその翌日に、佐山支局長が突然、本社編集局長に呼び出されたのです。本社から帰ってきた佐山支局長は、われわれ支局員全員を集め、いつも持っている黒光りのするカバンから、やおら一枚の紙片を取り出したのです。その紙が、実はＧＨＱ新聞課長インボーデン少佐のメモランダムだったのです。

それに何が書いてあったか。朝日新聞の本庄町でこういう事件が起こっている。このことは民主主義上ゆゆしき問題であるから、朝日新聞は社の全力を挙げて、本庄町の闇と暴力に対してプレスキャンペーンをはるべきだ、と書いてあったのです。

佐山支局長は、その紙を支局員に披露した後で、勇躍して「本庄をやろう、闇と暴力に対してプレスキャンペーンをやろう」と告げたのです。本庄事件の発端です。

私は、ガレットは忘れたとばかり思っていたのですが、そのとき、あいつはこんな手を使いやがったか、こういう風にしたのか、こうしてくれたのかと感激しました。

本庄事件は有名な事件になりました。朝日新聞はおよそ半年にわたって、本庄の闇と暴力に対しキャンペーンをはりました。本庄の青年たちも立ち上がる、文化会も立ち上がる、農業団体（日農）、労働組合も立ち上がった。このことは全国版に何回も載りました。

本庄の町には、いろいろなことが起こっておりましたが、その背景をつきとめることはなかなか出来ませんでした。（以下略）

※この談話は一九九三年六月五日のものである。関連論文として、奥武則「新聞は「本庄事件」をどう報道したか」（『メディアは何を報道したか』二〇一一年、日本経済評論社刊収録）がある。

女子社員の定年

十数年前に中途採用で入社してきた近藤すみえさんが先頃定年を迎えた。この社始まって以来、初めての満期定年者である。この会社で、社長が社員に意見している姿など、だれも見たことはない。社長が叱られたり、要求書を突きつけられたりしている風景の方が多かった。「酒気帯び出社はやめてください」「差別用語に気をつけて」「早く帰って栄養あるもの食べなさい。体はあんた一人のものじゃないんだよ」。尤もなことばかりでした。そんな発言の急先鋒だった近藤さんである。

九四年頃、戦後復興期の官庁資料を「資料集」にすべく、総掛かりで取り組んでいた時期であった。仙花紙（くず紙をすき返して作った粗悪な洋紙）にガリ版で印刷された役所文書をコピーする要員として入ってきたのである。近藤さんは三人の子どもを育ててしまって、暇をもてあましていた。まだ生気もあり化粧の乗りもよかった。その七万枚をコピーし終わったとき「もっと居続けてもいいですか」というのだ。遅刻もなし、サボリもなし、笑顔もよし、音声明瞭、断る理由は何もなかった。以来、ずっと一緒に仕事をすることになった。営業の事務、荷造り、郵便局出し、請求書、お茶汲み、何でもした。乱暴の気は少しあったけれど、ミスも少なく、あったときには赤い舌をペロッと出して悪びれない。ある時期には十五巻もある資料集作りに取り組んだこともあった。わが社の給料は決して高くはない。高くはないが、「こんな会社には居られない」とは一度も口にしたことはなかった。

定年日に近いある夜、二人で飲みにいった。カウンターに並んで腰掛け、来し方を回顧した。近藤「縁て不思議ですね」「何が……」「ここにはほんの腰掛けのつもりで来たのに、今日も、明日もと居続けているうち、こんなに長くなってしまって……」「それが不思議なのか」「いいえ、人は一諸に働かないと好きになれないことを知ったのです。この会社の人、みんな好きです」「老後はどうするんだい」「いやですねえ。私はまだ老後だなんて思ってもいませんよ」「ごめん、ごめん」。

だが、会社の規程は非情である。何歳になった誕生日月にピタッとやめてもらう、と書いてあるのだ。永年勤めた、ということは、社の内にあっても、外に向かっても信頼を勝ちとってきた証なのだ。もったいない、とはこういうことを言うのだろうが、近藤さん、芝居や花見でまた会おう。ご健康を祈っています。

（二〇〇九・四）

西谷さんと庄さんの伝記

少し前、未來社を創業した西谷能雄さんのことを書いた。出版界においても、その生き方においても、頑迷固陋を自称し、反権威を背筋に通して、青年社員松本昌次さんと共に、戦後出版史に残る数々の名著を拵えてきた出版人のことだ。くどいけどまた書く。

八〇年代初頭、小社の社業はやや大きな混乱と闘っていた。社員は激減し、信頼できる三人の社員を先頭にして、会社の存続をかけて苦闘する日々であった。その渦中に、ふとしたことで知遇を得ていた西谷さんが、手を差し伸べてくださったのであった。「つぶれそうな会社とは、手を切れ。人生目茶々々になるぞ」と忠告された西谷さんであったけれど、銀行や業者に「われわれが引き受けた」と言ってしまったあとだったので、ご忠告は生かせなかった。「キミがその気なら……」と、西谷さんは現実の場に登場してくれたのだ。負債の分量や、在庫や戦闘力の有無などあれこれと聞かれた。その問いに答えているだけで力の湧き出るのを実感した。

前にも紹介したけれど、ひとつの例をあげよう。西谷さんは、大学生協との取引の少ないことに気づき、「取次は、トーハンや日販だけではダメだ」といって、当時大学生協の指定取次店であった鈴木書店に連れていってくれた。鈴木書店の破れかけたソファーに腰をかけ、強い語気で取引の開始を迫ってくれた。鈴木の社長も熱心にそれを聞き、「仕入課とよく相談しろ」と仰っしゃるではないか。そんな人ごとにまで指導を惜しまれなかった西谷さんであった。

こういうことがなかったら、あの硬骨にして頑迷且つ固陋な西谷さんを慕いつづけることはなかったかもしれない。世間一般では、どちらかと言えば近寄り難い、いや近寄りたくない人だったろうから。

われわれがそれを思い続けられたのは、もう一つの側面があった。未來社には西谷さんの半身ともいえる、心優しき飲兵衛がいた。その人が戦後編集者列伝に名を連らねる松本昌次さんであった。松本さんは、三〇年在籍した未來社を辞めた。事情は知らない。一九八三年、「日向《ひなた》より影になっている場所の方が心はつながる」と言って影書房を立ちあげ、出版を通じての非戦運動を展開し始めた。われわれはその機に、西谷さんが生きているうちに西谷さんの伝記を書いてくれるよう懇願した。だが、松本さんの腰は重かった。九五年四月、それを知ってか知らずか、西谷さんは逝ってしまった。八一歳。「だから言ったでしょう」などと松本さんに言えるわけがない。西谷さん没して一年たった九六年夏頃、「やってみるか」と松本さんは叫んだが、本格的には踏み出せなかった。運動や社業に忙殺されていたのだ。さらに、一〇年以上が流れた。催促めいたことは言わなかった。松本さんも言い訳など口にしなかった。いつかは「やる」ことの決意は共有していた。

二〇〇六年、松本さんは、『論座』に『わたしの戦後出版史』なる連載をはじめ、二〇〇八年にはそれを単行本にした（トランスビュー刊）。またこの年の暮れには、影書房が四年がかりで刊行してきた「戦後文学エッセイ選」（全一三巻）が完結した。松本さんは、この二つの仕事を通して、弔ってきた数々の著者たちとともに、西谷さんのこともまた思ったことだろう。今度こそ、いままでの宿題を片付けなければならない。西谷伝を書ける唯一の人、その人が惚《ぼ》ける前に、とわれわれの目つきは真剣になった。松本さんは、観念し、集中して取り組んでくれた。何年も待ちつづけた「西谷伝」がいまできるのだ。松本さんの命名した書名は『西谷能雄　本は志にあり――頑迷固陋の全身出版人』である。間もなくお届けできます。

また、松本さんとささえ合って生き抜いた庄幸司郎さんの評伝『庄幸司郎　たたかう戦後精神――戦後難民から平和運動への道』も同時期にできあがります。

（二〇〇九・六）

＊右の二著について松本さんが『評論』に寄稿してくれた。紹介しておく。

弔い合戦の二冊――西谷能雄と庄幸司郎の本（松本昌次・寄稿）

西谷能雄と庄幸司郎――この生まれも育ちも異なるふたりが、いまなおヤクザのように出版界のドロ沼から足の抜けないわたしにとって、忘れ難い師であり、友であることはいうまでもない。

師である前者は、〝頑迷固陋〟を自称して憚ることなく、〝出版は志にあり〟とかずかずの名著を世に送りつつ、同時に、矛盾山積の出版界の〝御意見番〟として生涯を送った、知る人ぞ知る〝全身出版人〟である。竹内好さんによって「未来への遺産たるべきドキュメント」と高く評価された十指に余る著書をのこし、一九九五年四月二九日、世を去った。享年八一。

友である後者は、旧「満州」からの〝戦争難民〟として一四歳で見知らぬ日本に放り出されて以来、〝タタキ大工〟から身を立て、学者先生を〝クソインテリ〟と罵倒して憚ることなく、反戦平和・憲法擁護の立場から、建築の本業のほか出版・映画制作などに湯水のように金を投じた、これまた知る人ぞ知る〝全身市民運動家〟である。同じく竹内好さんによって「この男は見どころがある」と深く愛された。二〇〇〇年二月一八日、急逝、享年六九。

一九五二年四月、仙台の大学を出て時間講師として赴任した、都立高校夜間部のうす暗い教室で、わたしは庄さんと出会った。教師を教師とも思わぬ不敵な、それまでの苛酷な体験に裏打ちされたニヒルな面構えの、大工道具を肩からひっかついだ二〇歳の青年だった。わたしは当時、猖獗《しょうけつ》を極めた〝レッドパージ〟なるものに、せいぜい〝ピンク〟ぐらいだったにもかかわらず、ひっかかって、半年であっさり教師を馘《くび》になった。しかし、水と油ほどに性格の異なる庄さんとわたしの〝奇妙な友情〟は、さまざまな困難を越えて切れることなくつづいた。

翌五三年四月、野間宏さんのお蔭で、わたしは、創立一年余の未來社の編集部に、出版のシの字も知らないのに拾われた。度の強い眼鏡をかけ、がっしりした身体つきで見るからに頑固一徹といった感じの西谷さんの風貌に、はじめは果たしてこれから勤まるかどうか不安であった。しかし、これまたお互い、水と油ほどに性格は相反するというのに、以来、三〇年余、〝出版の志〟は切れることなくつづいた。庄さんは、未來社に関係する多くの著者の、小は本棚から大は一軒家にまでかかわり、〝タタキ大工〟から建設会社の社長になった。「未來社は土建会社か」と冗談まじりにささやかれたりしたほど、わたしは庄建設の営業もしたりした。

いまから二四、五年も前、まだ西谷さんが存命中のある夜、焼トリ屋で隣り合わせに呑んでいた栗原哲也さんが、例の粘っこいさぐるような眼つきで、にやっとしながら、「西谷能雄伝を書かないかねえ」と、わたしをそそのかした。一九八一年、日本経済評論社にとっての最大のピンチの折、西谷さんは救世主のようにして栗原さんと出会った。わたしとの出会いでもあった。その経緯の若干は、昨年一〇月、非売品で刊行された栗原さんの筆による『私どもはかくありき――日本経済評論社のあとかた』に書かれているが、つまりは、西谷さんへの〝ご恩がえし〟を、一緒にやろうじゃないかということである。

ところがである。事態は、もっぱらわたしの怠慢で一向にすすまず、西谷さんは、間もなくあの世へ。そして、やがて、前述の『私どもはかくありき』にも一章をさかれるほど、栗原さんと親交を深め、「平和に対し、金も出し、汗も流し、口も人一倍出した庄さん」も、「アバヨ！」の一言も残さず、〝戦争難民〟として辿りついた〝祖国〟に、まるで愛想づかしをしたかのように、あの世へ。それでもなお、お前さんは、沈黙をしていていいのか！　栗原さんと会うたびに、声なき声が、わたしを脅迫する。

事ここに至っては、匹夫も立たざるべからず。しかしもはや、匹夫には、自力で立つ体力がない。ならば、一人は〝全身出版人〟として、一人は〝全身市民運動家〟として遺した多くの文章・談話を選び編集して、それぞれに直接語ってもらうほかはない。それが『西谷能雄　本は志にあり』と『庄幸司郎　たたかう戦後精神』である。この二冊が、現在の出版界に向けての、わたしと栗原さんのささやかな弔い合戦になるかどうか。（松本昌次）

金澤史男さん亡くなる

六月一六日、横浜国立大学で財政学を講じていた金澤史男さんが、講義直後に大学で倒れ、そのまま逝ってしまった。金澤さんは、大石嘉一郎さん率いる（信州）五加村研究会の主要なメンバーであった。一九七九年に組織されたこの研究会は、一九九〇年に分担執筆を終え、本づくりにとりかかった。それがご縁で金澤さんの面識をえた。微笑を絶やさない好青年にみえた。本は大石嘉一郎・西田美昭編『近代日本の行政村』（A5　七七四頁）として上梓され、この本はそれ以後の、小社の出版傾向を大きく変えた。

金澤さんは活動家でもありました。あちこちの会議や集会で講師などをつとめました。私も都合がつくときには聞きにいったりしました。大学では、共同研究に熱心でそんな仲間との研鑽のなかから何人もの研究者・実務家を送り出しています。二〇〇八年の正月に仕上げた『公私分担と公共政策』（A5　四七五頁）は一五人もの若い研究者を率いて完成させた労作でした。現場に役立つ本として高い評価をえました。もっと話がしたかった。五五歳という若さで逝った金澤さんの魂の安らかを祈ります。

（二〇〇九・八）

青山学院大学の高嶋修一さんから「学生に社会（世間）の話をしてくれ」とたのまれた。「なんで、おれが？」とも思ったが、ふだん呑み屋で駄法螺《だぼら》を吹いているので、引っ込みがつかず承諾した。教室にいってみると、二〇〇人もの学生が集まっていて、一瞬、承諾を後悔した。出版社ではどんなことをしていて、何がおこっているかという一般的な事柄を話したのだが、なにを話しているのか、聞いているのか、分かっているのかどれも心配になり、結局、出版に限らず、生きていく過程で何が大事か、それは人と事態にたいして、誠実であること、敗北の決断は早くすること、それだけだ、出版など誠実だけでもつとまる、と結論した。失敗、一定の知識と技術も必要だ、とつけ加えるのを忘れてしまった。

（二〇〇九・八）

映画『暴力の街』を観る

五月末に小社で復刊した、町政民主化、暴力追放を主題とする『本庄事件――ペン偽らず』（朝日新聞浦和支局同人著）が、ご当地・埼玉県本庄市で話題になっている。発売以来、本庄市の書店からの注文が五〇〇冊を越えた。事件は六〇年も前のことなのに、暴力団と闘った青年たちのおこないは、今も忘れられてはいなかったのだ。この本を原作とした山本薩夫監督の映画『暴力の街』が上映されることになった。市の商工会議所の音頭とりで、二日間にわたり、計六回も上映された。観にいってみた。元パチンコ屋の仮設ホールは一〇〇人を越す観客で埋め尽くされていた。遅れてきた人は、後ろの方で立ち見である。年配者が多いのは映画の中身からいってやむを得ない。

物語は利根川に架かる坂東大橋でのヤミ銘仙検問から始まる。この冒頭からすでに織物業者と警察の癒着が暗示されている。バックに赤城山の全容が映っているのは「国定忠次」を意識してのことだろうか。細部は本書を読んでいただくことにして、当時の町並みが映るたびに、おじいちゃん、おばあちゃんが「知ってる、知ってる」とか「この店はつぶれたなあ」などと囁きあっている。山場、青年たちの力で町民大会が開かれる場面では、涙ぐみ、鼻水をすする人もいた。それは悲しい涙ではなく、明るい街を作ろうと一途に町民を説得して歩く青年の姿への共感と、年表に書かれるほどの民主化闘争を戦いぬいた、この街に育ち死のうとしている住民としての誇りではなかったろうか。私も異郷の者ながら人々の後ろ姿をみて、ハンカチを目にあてた。本庄の現地で観る『本庄事件』は、神保町のヨシモト・シアターで観るのとは大違いであった。行ってよかった。われわれが作った本が列をなして買われていく姿も、この会社始まって以来、初めて見た体験であった。案内してくれたご当地の旧いガールフレンドが耳もとでささやく。「いい本作って、よかったね」。この励ましで遠くまできた疲れが一遍にとれた。

ところで、不思議なことがある。『本庄事件』を作ってすでに四ヵ月。朝日新聞には数回の広告を出した。一面サンヤツにも出した。『週刊朝日』にも何回か出している。それらしき要所の方にも贈呈した。なのに、といってよいだろう。朝日に勤務する現役の方からの反応はゼロだ。戦後間もなく日本民主化のために闘った朝日の先輩、浦和支局の記者たちの活動を知っているのだろうか。本庄の人と朝日をはじめとするマスコミ関係の人には是非読んでもらいたいと思って作ったのは、本当です。

（二〇〇九・一〇）

NR出版会の事務局に勤務する妖精天摩くららさんが結婚した。東京の山奥にある小学校教師の青年が相棒だ。中野の呑み屋を借り切って祝う会をひらいた。二人とも三〇には間がある。「希望」とか「夢」という言葉がまだ似合う年頃である。祝う側は、何十年も前に所帯をもった連中ばかり。一様に眩しげに二人をとりかこんだ。祝辞を所望された。「どちらも勝手に歩き出さないこと、先に歩いていたら立ち止まり振り返って待つこと、寂しくなったら抱き合うこと、そしてお互いの温度差を確かめること」。そして何よりも「呼びかけあうこと。貧乏とは金のないことではない。腹を割って話し合うことのできる友達がいないことだ」と自分にはできなかったことを、反省を込めながら、それらしい顔で話した。二人は嬉しそうだった。参会したみんなが心から祝った。純真な心が心なき大人たちから汚されないよう、しっかり研鑽しあって下さい。前途の平らかなることを祈ります。

（二〇〇九・一〇）

国会図書館の堕落

国会図書館は一九四八年に開設され、すでに六〇年を越えた。戦後、「真理がわれらを自由にする」という設立理念のもとで繰り広げられた国会図書館の活動は、われわれの、切なる民主化への希求に、力ある理解者であり指導者であったと思っている。

その国会図書館が六〇周年を迎え、次の一〇〇年へ向け、七つのビジョン、国会図書館の役割を公開している。その中に、「利用者が求める情報への迅速で的確なアクセスまたは案内をできるようにします」と、「利用者がどこにいても、来館者と同様のサービスが受けられるように努めます」というのがある。文面を素直に読んでいれば、何てことのない文言であるが、「どこにいても、来館者と同様の……」とはどういうことか、と思った。同館は説明する。「原資料の保存のためのメディア変換の手段を原則としてマイクロ化からデジタル化に転換し、デジタル・アーカイブとして蓄積・提供する」というのがその心だ。図書館へ行かなくても本がみられる、と解釈していい。書籍のデジタル化は多くの機関、企業が目的はそれぞれに違うが、こぞって始めている。国会図書館は国の予算を使って行う、いわば国家事業だ。法定納本するわれらの本が、次々にデジタル化され、図書館へ行かなくてもサービスが受けられる日はそう遠くないだろう。本など見たことも、触ったこともない青少年が増大し、ましてや「繙《ひもと》く」などということばは、死語となっていくにちがいない。いやなことだ。

しかし、この流れは、田作《ごまめ》がいくら叫んでも止められないことだろうが、誰が旗振りをしているのかと聞いてみた。なんと国会図書館の館長が総大将になっていた。館長長尾真さんは京都大学の総長をつとめたあと、二〇〇七年に国会図書館の館長に就任する。前歴がすごい。手書き文字を識別する技術開発、これは郵便番号読みとり装置に応用され、また、論文の自動翻訳システムも開発し、勲章ももらっている。とにかくすごい情報通信技師なのだ。デジタル化にあたっては、最適の人事なのだろう。最近まで、この力の入れようを承知せず、迂闊だったことを反省する。

インターネットの世界はたしかに早い。居ながらにして瞬時に回答（らしきもの）が得られる。回り道もない、小休止もない。とにかく無駄がないのだ。ワードに「かん」と打ち込んでみた。変換キーを押すとすぐ八〇文字があらわれた。「簡単」の簡がほしかったのだが、どのカンかわからない。そこで「かんたん」と入れてみた。これも六つの「かんたん」が現れた。こうなりゃ、当てずっぽうでひとつを選ぶしかない。間違っているかも知れないが、「肝胆」ではないだろう。不安を伴っていたが「簡単」を選んだ。いい効率だ。しかし、この行程で首はかしげたが、思考はしなかった。勘を働かせただけだった。これに似た方式でデジタル本を読んでいくと、つっかえるとか、考え込むというアナログ行為が省かれてしまう。大事なのはこの躓《つまづ》きだと思うのだが、如何。本当は誰かが格納・装置したものを見つけただけなのに、あたかも、自らが作りあげたもののような錯覚に陥ってしまう。国会図書館も、それは承知しているらしい。あの創設の理念「真理はわれらを自由にする」が、「知識はわれらを豊かにする」に変えられていた。真理を知識に、自由を豊かに置きかえる低俗な思想だ。知識を情報とおきかえたらどうだ。格調は低く、品も悪い。情報はどこまでいっても情報にすぎない。

（二〇〇九・一二）

在庫を流通業者に預ける

当時、お世話になっていた江戸川信用金庫の、担保流れのマンションの空屋を理事長にはないしょ（モグリ）で借りて、わが社は本の倉庫としていた。信用金庫は、金は貸しても、不動産屋ではないから貸倉庫などは、おおっぴらにはやれないのである。貸す方も借りる方も、後ろめたい気分で使っていた。その倉庫に火がつけられたのは、一九八三年の秋であった。焼け跡の上で信金に脅かされ、宥《なだ》められ、結局住宅ローン並の長期で大金を借りて、その土地を買わされた。そこに三階建ての倉庫を造った。「本はいくらでも作れ、格納する場所はたっぷりある」と気負ったわけではなかったが、われわれの作った本はみるみるうちに倉庫に貯まっていった。「流通倉庫じゃないナ、まるで蔵だ」と自嘲をこめてそう評した。しかし、自社倉庫があるということは、倉敷料についての感度が鈍くなる。あれこれ工夫してめいっぱい詰め込むからだ。棚つくりのためにつぎ込んだ、日数と材木代は計り知れない。倉庫業者に委託せず、二人の社員を雇い出荷・配送・改装作業等を迎え撃ってきたのもこの自社倉庫のせいなのだ。

二五年が経ち、パンパンになって身動きもとれなくなった。担当社員の老朽化したことも重なって、自社管理の限界を納得した。保管・改装・出荷のすべてを委託することにした。今年中の移動作業の完了をめざしたため、一〇月、一一月は社員総出で蔵の整理にあたった。家庭の引っ越しとは訳がちがう。一二〇〇点の本の一々をながめて、これは何冊業者に預けるかを決めるのである。売れないものを預けたら保管料がかさむからだ。次には、改装するためのカバーの整理、これがことのほか面倒で手間取った。本に挟んである短冊（スリップ、ボーズ、売上カードともいう）も細かい仕事で根《こん》の要る数日だった。こういう作業を編集から営業までを動員して取り組むのも、これが最後になるのだろうか。何でもかんでも自己処理で、どれもこれも現場主義できたが、これも百姓の倅に生まれた私の性分が投影しているのかも知れない。種蒔きから収穫まで農作業は全工程を手塩にかけるのだ。もう流行らないな。都会育ちのやわな連中は、みんな足腰を痛がっているが、とにかく書籍移動は無事終了した。

（二〇〇九・一二）

筑波書房の受賞

戦後間もなく、出版と読書文化の復興を目指して組織された「出版梓会」という出版社の団体がある。小社も加盟している。この会の最大のイベントは、毎年正月に行われる「梓会出版文化賞」の表彰式である。本の単品にではなく、その社の出版活動、出版姿勢に対して贈られるもので、受賞は並ではない。今年は、本賞に合同出版、特別賞に筑波書房と七つ森書館が、そして新聞社学芸文化賞にこぐま社が選ばれた。誘われて表彰祝賀会に参加した。新しく選ばれた梓会の理事長菊池明郎さん（筑摩書房）が、筑波書房と一字ちがいなので、また受賞したかと勘違いした、と会場を笑わせながらも、筑摩書房再建の劈頭《へきとう》にこの賞を受賞し、弾みがついて今日があると、この賞の縁起のよさを強調した。

特別賞をもらった筑波書房とは先代からつき合いがあった。先代の鶴見淑男さんは、出版労協の書記局に在籍していた頃からの知り合いであった。六〇年代は出版界でも争議が頻発しており、どこかの争議で知り合ったのかもしれない。一九七九年に筑波書房を興し、人間の生存のために必要な農業について考える書物を作っていきたいと宣言した。以来、一貫して農業書を作り続けてきた。大事なテーマだと思うが、そんな真面目な読者がたくさんいるとは思えない。小社も協同組合や信用金庫の問題から出発していたから、農業関連のものもいくらかたまっていた。社是とするほど農業書にこだわったわけではなかったが、農業書を拒んでいたわけではなかった。農業書はＮＯだ、などと皮肉ったものもいたが、それは、単なるひやかしだ。筑波書房とは共同で図書目録をつくったりして生き続けようとした。当時筑波の発行書籍は三〇点にも達していなかった。お互い経済的にはきつかった。鶴見さんは、いつも「売れないなー」とぼやきつづけていたが、路線を変える気配はなかった。三年ほどまえ、鶴見さんは急逝した。二人の息子が後継した。

この二人も、親父の引いた路線を寸分も変えようとはせず、ひたすら「農」一本でつっ走っている。そういう姿勢が評価されたのだろう。受賞の弁を、慣れない壇上で話す若い社長がとても堂々とした後継者に見えた。おめでとう。

（二〇一〇・二）

柴田敬さんと西川正雄さんの本

一九七八年の初版である柴田敬さんの『経済の法則をもとめて』を年譜や著作目録を改訂して六度目の増刷をした。この本は売れ行きも良い。合計で一万二〇〇〇部。三〇年以上かかってこの数字だが、わが社ではこれでいいんだ。何十年も売れ続けているものは他にもあるが、それは初版のままだったり、せいぜい三刷である。わが社のロングセラーのひとつである。この本の初版が出た頃は、信金や信組の、いわゆる協同組織金融機関の理論書・解説書が主な出版物で、まだ出版物の心棒が定まっていなかった。柴田さんの本が出て、小社の出版物は一気に「学」に近づき、顧客は金融機関から図書館や大学の先生に転回した。方向を変えるほどの力があった本だった。柴田さんはこの本に続けて『転換期の経済学』も出したのだが、驚いたことに、新刊が出来上がりお宅に持参すると、この本はだめだ、とおっしゃる。何か新しいことを思いついたのだろうが、いま出来たばかりの自著に向かってだったのでビックリした。柴田さんの令嬢長坂淳子さんはこういう。「父は、向こう気がつよく、また冷酷なほど正義の人だった。自分の信ずるところは、あくまでも主張し、徹底的に議論をして相手かまわずやっつけるという激しい性格だった」。

わがままな一面もあったことだろう。お蔭でこの『転換期の経済学』は二度にわたり「改訂」をして、そのいずれも初版は完売したが、増刷は許されなかった。昨年亡くなった杉原四郎さんは柴田さんの一番弟子で、公文園子さんと共著で『柴田経済学と現代』と題するものも作ってくれた。教え子二代にわたり小社の下部構造を築いてくれたのだった。

西川正雄さんが亡くなって丁度二年が過ぎた。これに合わせて西川さんの最終講義ともいうべき書物ができました。西川正雄著『歴史学の醍醐味』。西川さんをよく知る伊集院立・小沢弘明・日暮美奈子の三先生によって編まれました。去年来、何度かの編集会議をもち、「西川さんはこれで気に入るかどうか」を座標軸にしての議論を繰り返し、収録する遺稿の選択をしました。編集された三先生には大変なご苦労をかけました。回想の玉稿を寄せてくださいました下村由一先生有難うございました。生前西川さんの本は出していませんが、名著『社会主義インターナショナルの群像』（二〇〇七年）が刊行され、手に入れてすぐ、こういう本を作りたい衝動にかられました。この衝動は西川さんの存命中には伝えられませんでしたが、飲み屋で青木美智男さんにこのことを洩らすと、すぐさま日暮さんを紹介してくださったことから力を得て、こういう形で陽の目をみることになりました。ちょっとした快感を伴って、今この新刊を抱きしめています。

（二〇一〇・二）

親友の死

胆嚢も膵臓も肝臓も傷めて、癌が体内の至る所に住みついてしまった親しい友種井孝允《たかのぶ》君から、年の初めに電話がかかってきた。入退院を繰り返していたことは知らせなかったが、医者が、もう手のつけようもない、と言っている。長くはあるまい、聞いて貰いたいことがある、来てくれ、と。本人からだ。声音は快活だったが、驚かしているんではないと直感した。五〇年を越すつきあいだ。すっ飛んでいった。一年ほど前、娘の幸恵ちゃんも交えて神保町のランチョンで生ビールを呑み、えびフライを食べ、何やら楽しげに話し込んで以来だった。すぐ近く浅草に住んでいたから、いつでも会えるとタカを括って、連絡もしないで放っといたのだ。

あと数ヵ月だと、医者に断言されたと言うが、覚悟は出来ているようだ。

オレにも夢みたいなものはあったが、師との折り合いや運と不運、才能もなく研究者の道はあきらめた。その後の紆余曲折は知ってのとおりだが、貧乏は一生だった。オーディオを組み立てたり、模型飛行機を飛ばす全国大会に出たりして、傍目には愉しげなオッチャンに見えていたろう。オレには不満はなかったが、やはり、どっか淋しかったな。負けたとかいうものじゃない。少年の頃、高い評価をしていた自分が、かくも愚鈍なことに気づかなかったことへの寂しさと悔しさだな。

わたしは、反論しなかった。ただ、そんなことを言うのはもうよしたらどうだ、と言った。黙ってください、そう願っているような気もした。過去は忘れ去るためにあるのではない、また、思い出すためにだけあるのでもない。われわれの踏み越えてきた過ぎし日々は、今、ここにある。それは無言ならば、なお肩に重い。人の生きたことなど、他の誰ぞに言うことではなく、自らと愛する妻とで語らうべきことだろう。

　何か喰いたいものはないか。ある。永井荷風が好んだ本八幡の大黒屋のうなぎ、それと駿河台の栃木屋の湯麺餃子《たんめんぎょうざ》も食いたいな。おまいさんの好きなドジョウは勘弁だ。逢っておきたい女はいないか。いない、誰にも会いたくない、オレのことは誰にもしゃべるな。クギをさされた。またくるね。別れ際、また言う、葬式のとき、オレが何者だったかと聞かれたら、おまいさんが紹介してくれ、「ただの男だった」でもいいんだが、お笑いのネタに資料を渡すから読んでおいてくれ。ひと抱えもある紙の束を持たされた。中に、女友だちからの手紙も紛れこんでいた。後ろめたさを感じながら見た。なあんだ、アンタ、癌のこと知らせているんじゃないか。そこには、こんな世からうまくオサラバする方法はないかと考えるこのごろです、と彼女の心境が書かれていた。凄い見舞い状だな。

　私は日を措《お》かず衰弱の進む彼を見舞った。行くたびに仕事を言いつかった、蔵書を整理しろ、どれどれの本は誰々に返せ、あの本は家宝にしろ。飛行機はどうしろ、レコードはこうしろ。私はこの命令のことごとくを忠実に果たした。右手に位牌、左手に怨念を抱えているようにも見えた君だったが、ルールを守り、優しさをもっていた君、何かを為したわけではなかったが、何かをしようとした君。そこにはやはり、ひとつの達成があると見た。悔いることはない。一日も長く生きてみろ。桜の花が咲いた。医者の予言した数ヵ月目がもうすぐだ。
四月六日、種井君は桜花に腕をとられるようにして、逝ってしまった。

（二〇一〇・三）

妻は、君と所帯を持ったことを、よかったと断言した。それでいい。残された者がベソベソしていては供養にならん。何といっても、いつ思い出しても、明治大学木村礎さんのもとでの文書調査のことだ。幾晩にもわたり君と議論した。議論が本質を突いていたかどうかは定かでないが、あの目の輝きはもう取り戻すことはできない。もっと話がしたかった、酒も飲んでいたかった。が、目の前には白い箱があるだけだ。帰るよ、もう誰もいない。

（二〇一〇・四）

ＮＲ出版会が四〇年

小社も加盟するＮＲ出版会が、組織されてから四〇年を越えた。そこで「四〇周年記念誌」をつくることになった。古い資料を見る機会があった。一九八三年の機関誌「えぬ・あーる」にこんな記事が出ていた。「七月一一日付『赤旗』は、蠢動つづける反党、ニセ左翼出版社、と題して六段抜きの記事を掲載している」と書き出し、共産党がＮＲ出版協同組合を危険な出版社群と指定したことに反論している。まず、ＮＲ各社はイデオロギーによる結社ではなく零細出版社の互助組織である、と。反党分子の本を出せば反党出版社か、犯罪者の本をだせば、犯罪出版社かと切り返している。公害、原発、教育、差別等々の問題には多様な意見がある。共産党に反する意見も多かった。いまは亡き小汀良久代表（新泉社）の発言と行動は既成のしきたり、慣行についてもきつい刺激を与え、白い目をむける者もいた。いわば「既成」の右からも左からも、つまりどちら側の「体制」からも目をつけられたのだった。書店業界でもそれは同じような反応を示したろう。零細書店に働く人からの投稿記事の多いのは、それを証している。共産党が貼ったレッテルの効果はあって、出版界でもNRを色目でみた人もいた。出版は原則として「小」でなければならない。企業に成長してしまうと、「利」を追求する義務が生じる。すると反体制を貫くことが怪しくなる。出版を生業とした意味がなくなってしまう。喰わなければ生きていけないけれど、喰うだけが能じゃない。難しく、苦しい業なのだ。NRは資本主義に走りたくなるのを戒める強いコントロール機能を持っている組織なのだ。「出版の危機」と言われつづけているが、危機とは儲からないことを愚痴っているのではないのか。本当の危機はちがうところにある。出版で富を欲望するのは、犯罪に等しいことだ。

（二〇一〇・三）

出版は資本主義には似合わない

また決算月がやってきた。毎年のことながら、あまり歓迎できる月ではない。出版界はあの社もこの社も決算数字を下げて、渋面をつくっている。悲鳴をあげている人もいるが、やめたいと言っている人は見あたらない。本来、出版は苦しいときほど愉しいはずなのだ。が、そんな気楽なことばかり言っていられない内容もある。

決算で最も辛いのは、「未払金」の項目中、「未払い印税」を見つめる時だ。かつては、作った本の数全部に印税が発生した。売れなくても印税が発生したのだ。現在は売上げ印税方式で売れなかった本には印税はかからないように契約している。それでも未払いが貯まっていく。「いつになったら払ってくれるんだ」と催促されることもある。また、「私の本は売れてるはずだ、テキストにつかっているから売れた数も大体はわかっているんだ」と証拠を示されることもある。「お前さんには損をかけてない」と念を押しているわけだ。その通りです。売れる本、売れない本、そのどちらとも等距離でつきあっていかなければなりません。売れない本は売れる本の力で生き延びているのです。われわれには、どちらも大事な本です。売れない本は悪い本ですか。売れる本は必ずいい本ですか。悩むところです。

一〇年前も、その一〇年前も言っていた。専門書が売れなくなることに並行して、専門書は貧乏な出版社、貧しい著者には出せなくなるか、相当な厳しさが要求されるだろう、と悲しい予感のなかに生きてきた。事態は好転しなかったが、出版を続けることができた。やめずにいられた訳は、難しいことではない。われわれが貧苦に堪えながらも出版に対する責任を果たそうとしてきたこと、その姿勢に多くの研究者が協力や助力を惜しまず提供し続けてくれたからだ、と思っている。この両者は正面から向き合い支え合ってきたのだ。出版社は未知の著者のために、また、既に出版の成った本を頒布しつづけるために「出版社」という機能を維持しなければならない。そのことを無言のうちに理解してくれたのだ。著者は客ではない。同志なのだ。著者と読者との仲立ちこそわれわれの仕事なのだ、と改めて心する。印税については、払わないと言ったことはありませんが、はっきりと払うとも言えてない。何だ、結局、払えないのじゃないか。やはり出版は、資本主義には似合わない。

（二〇一〇・六）

読める本を作っているか

ある水曜日、呑み屋にも寄らず家に帰った。缶ビールを開けテレビをつける。池上彰さんの「学べるニュース」が出てきた。この番組、知ってる心算でいたことも勘違いであったことを指摘されるので、「心算《つもり》」の怖さを知らされる。今夜は「安保」がテーマだ。ゲストによばれている若い娘が「アンポってなんですか」と訊く。初めてアンポという言葉を発音したのかもしれない。それがテーマなのだから池上さんは解説をはじめる。一九六〇年の安保闘争の写真が出てくる。高校生が国会周辺でデモをしている。池上さん「この頃は高校生にも政治意識があって、友だちと誘い合って来たのでしょう。東京周辺の大学生の大半は国会周辺に集まってきたのです」と。なぜ六〇年安保はあれだけ盛り上がったのか。

一九五〇年に朝鮮戦争が起こり、アメリカは極東の共産化を極度に恐れた。朝鮮戦争は今も終わっていない。休戦中なのだ。極東の安全を守るために米軍は日本に駐留しつづけることを骨子とする第一次安保条約が五一年に結ばれた。六〇年はその改訂の年だった。その頃のわれわれは、まだ繋がっていた。連帯ということの大切さを占領軍はしっかりと教えてくれた。時の首相、岸信介は、米国の権限の大きかった旧条約をきらい、日米対等をめざしたが、いまも沖縄その他に過酷な犠牲を強いる基地の使用を許すことになる。真の独立国を希求した全国民の願いと闘いは、権力の前に押しつぶされてしまった。

この条約も効力は一〇年間だった。一〇年はすぐ経った。七〇年安保闘争。これは数年前から始まっていた新左翼の街頭闘争、日大、東大に象徴される全共闘の学園闘争など、長過ぎた助走に疲れ果て、安保が自動延長される時期には息が切れてしまった。安保はすんなりと延長された。日米安保はあたりまえの日常となった。ただ、この条約の第一〇条には微妙なことが謳われている。「もっとも、この条約が一〇年間効力を存続した後は、いずれの締約国も、他方の締約国に対しこの条約を終了させる意思を通告することができ、その場合には、この条約は、そのような通告が行なわれた後一年で終了する」となっている。協議とか合意ではない。通告で済むのだ。アメリカは言い出さないだろうが、他方の国、日本はいつ「通告」することができるのだろうか。次いで、池上さんの話は「左翼・右翼」のテーマに移っていった。この場面でも「サヨクって何ですか」の質問で始まった。省略する。

ただ、この番組を見ながら社業を思った。われわれはインテリゲンチャ指向の青年に向けて本を作っているが、果たして「読者」たる青年たちの姿を知っているのだろうか。青年のために、というが、読める本を作る工夫をしているだろうか、ということ。「アンポってなあに」という人たちに、わが社が用意したのは国際公共政策叢書の『安全保障政策』（山本武彦著）と『アクセス安全保障論』（山本吉宣・河野勝編）の二冊だ。著者と読者をつなぐのが出版社の仕事というが、つなげられるのかと社内で話したら、子どものおもちゃや絵本に、子ども知能との関係があるように「専門書だっておなじだ、読めるまで待つしかないんだ」と強気の発言が出てきた。そうだろうけど、それまで会社は待てるのかい？　心細くなってきた。だからといって、「青年」という希望に唾を吐きかけたら、未来という光を失ってしまう。「オレたちと君たちはどう生きるか」と対話をつづけるしかない。本が売れないのは流通システムやケータイ青少年のせいではない。読める本を作っていないわれわれの側にも、一方的な独善がありはしないか、考えてみる価値はある。

専門書とか研究書といわれるものを拵えていると、必然のように倉庫の収容能力が気になってくる。学術書には、拵えたらすぐ売ってしまえ、という経営的欲求を超えて、「次世代の研究者のためにとっておけ」という義務に似たものがその欲求を抑制する。一ツ橋の大出版社に本を注文したことがある。三年程前にできた本だったが、電話の終わるころ「そんな古い本、あるわけないだろう」と呟かれたことがあった。わが身が二〇年も三〇年も前にできた本を倉庫に詰めているから、三年や五年は新刊に近い感覚でいたのだ。

だが、これからの研究者のために、とか言って取り置く本は経営にどれだけ貢献しているのだろうか。わが社の実例で調べてみた。一二ヵ月（一年）の総売上額に対しての比率。一九九九年以前のもの（一二二〇点）の販売額はわずか四%、二〇〇〇年から二〇〇七年のもの（六四〇点）が二五・六%であった。残りが二〇〇八年以降に作ったものだ。直近三年間のもの（一四七点）

が七〇％を占める。新刊が出なければ行き詰まる構図だ。その中に、初版のままで二〇年以上売れ続けているものもある。初版を作りすぎたといえばそれまでだが、その作品自体の力量を思えばうれしくもなる。こういう愛おしい在庫はいくらあっても没にはしない。一年で五万円以上の売り上げをたてるものが二五六点あった。「も」なのか「しか」なのか。新刊本に負んぶし、抱っこされながら旧刊を死守しようというのが、悲しいかなわが社の現実である。（二〇一〇・八）

小林昇さんの葬儀

ドイツ歴史学派の父フリードリヒ・リストの研究で知られる小林昇さんが六月に逝き、一〇月九日に立教大学のチャペルで、立教大経済学部葬が執り行われた。追悼に集まった先生方の弔辞や偲ぶことばで、小林さんが「世界的」な学者で、「ノーベル賞をもらってもおかしくない人」だったことを思い知った。二〇年以上前になる。一橋大学におられ、まだ元気そのものだった杉山忠平さんに連れられ、小林さんのお宅にうかがったことがあった。奥方が淹れてくれたコーヒーの香りは今も忘れないが、あの反戦大工・庄幸司郎さんが作ったという書庫に案内されたことは、もっと忘れがたい。ありあわせの素材を使ったのだろうか、材質はまちまちに見えた。そして詰まっている本に経済書が見当たらない。見えたのは文学書ばかりだった。歌人であり、経済学者でもあった小林さんの深い素養の源泉を見た思いがした。応接間に戻ってまたコーヒーのお代わり。お二人ともお声は静かだ。私はもじもじしながら二時間も聴き入った。先に逝ってしまった杉原四郎さんも、酒も飲まず高笑いもせず、静かな先生だった。田中敏弘さんや山下博さんを加えれば、経済学史の方々はみな、穏やかな方ばかりだった。それに比べると経済史専攻の先生はガラガラと酒を飲み、夜更かしもし、声もでかい。だから私も同席できる。わが社でお世話になった経済学史専攻の先生方は、みんなみんな静かな好好爺《こうこうや》だった。

小林さんのことを考えていたら、この分野の人々を思い出した。明治大学で田口富久治さんの教えを受けた国広敏文さんとおつき合いするうちに広がった斎藤哲《あきら》さんのことや松下冽《きよし》さん、中谷義和さん、横井勝彦さんもいました。八〇年代の終りころの話です。また内山秀夫さんから放射状に広がった内山一門の人びと。このつながりは果てしなくつづいている。記名できない方が沢山いますが、お許し下さい。いろいろ面倒かけながら新しい分野を守ってきました。

紀伊國屋書店が展開する「ネット・ライブラリー」という電子出版がある。既刊書を電子化し、世界中の図書館に購入してもらうという作戦である。大学をひとつひとつ訪ね、先生に泣き言をいいながら、一冊の本を買っていただく時代ではなくなったようだ。手間を惜しんでではなく、こういう時代を受け入れようという気になって（時代に負けて）、小社も参加することにした。ただ、小社が作った既刊書だといっても、出版形態が異なるために、著者の許諾を再びいただかねばならない。小社の本は、「単著」よりも「編著」の方が圧倒的に多い。初回の候補として選択した五〇点余でも、二五〇人の執筆者がいた。目玉は「ポスト・ケインジアン叢書」「シリーズ経済思想」「経済安定本部　戦後経済政策資料」などだが、最古のものは、一九七八年初版の、川口弘監修クリーゲル『政治経済学の再構築』である。三二年前だ。亡くなった人、定年でいまいずこで暮らすか不明になってしまった人、これらの人びとの住所を追跡するのに何日もかかってしまった。返事がきた。電子化を拒否した人はいませんでしたが、「まだ印税を頂戴しておりませんネ」と、やんわりと印税の催促をされた方もおりました。ビクッ。お詫びしながら、久しぶりの会話を交わし旧交を懐かしんだりもしました。

連合総研が『困難な時代を生きる一二〇人の仕事と生活の経歴』という三〇〇頁近い研究レポートをまとめた。機会がありその数十人に目を通した。いわゆるワーキングプアに関する本はいくつもあるが、生のレポートを手にしたのは初めてだったので、こんなことも知らなかった俺なのか、という反省も込めて驚嘆した。その一つを簡単に紹介します。

一九七五年生まれ、三五歳の男の話。祖母の代から近所のスナックや飲み屋を相手に高利貸をしている家に生まれた。父が借り主といざこざを起こし、もめ続ける家庭で中学を終える。自分で自由にできる金がほしくて、中卒で働き始める。最初はスーパーで鮮魚のさばきだった。この仕事は肌に合い、店からも信用され、やり甲斐を感じた。正社員になるには中卒者には登用試験があった。何回か挑戦したが合格せず、学歴の重みを思い知って退職。次には大型の居酒屋に就職し調理の助手をした。ここでも上司に可愛がられ給料も上がった。彼女もできて結婚もした。調子よく六年勤めたところで経営が傾き社長が夜逃げ。給料未払いのまま失業。その後の六年間は放浪生活だ。土木の日雇いをしながら全国をまわる。結構楽しかった。人の真心にも遭遇した。

定職を求め、三二歳のとき旅暮らしをやめ、派遣会社に登録。自動車メーカーに派遣され、仲間もでき、いやな仕事も率先してやった。しかし、リーマンショック以降仕事はぱったり。二〇〇八年一二月、正月前に解雇される。明けて正月、公園で寝ていると荷物と金を盗まれる。腹が減って、半ばやけくそで無銭飲食して警察に捕まる。執行猶予で放免されたが、行くところはない。公園や橋の下で路上生活をしているときに、支援団体のあることを知る。そこにかけ込んで飯にありついた。屋根のあるところはいい。きっと就職してみんなに恩返ししたい。……こんな「経歴」だ。雇用の重みをじっと考える。社内会議で披露したら「こんなこと誰でも知ってることヨ」「面白くもない」との非難的反応。そうだろうか、私はそう思わない。お前たち、知ってるだけだろうが。

（二〇一〇・一〇）

右手《めて》に「フクシマ」、左手《ゆんで》にいのち――――【二〇一一年以後】

「子どもの本屋さん」のこと

島根県で軽自動車に本をいっぱい詰め込んで、注文をとりながら配達をつづける「子どもの本屋さん」という書店がある。店舗はない、いわば動く書店だ。島根は辺鄙《へんぴ》な国だ。山もあり海もある。面積は全国一九位なのに、人口密度は四六位だ。本屋さんは、鳥取、佐賀よりは少し多いが一一〇店しかない。今井書店が孤軍のごとく奮闘している。「子どもの本屋さん」には従業員はいない。松本しげのさんという女性が一人で頑張っている。松本さんは小学校や中学校をまわり、子どもに読んで貰いたい本を薦めつづけている。

そんな松本さんが、柳瀬尚紀さんの翻訳した『ロアルド・ダール コレクション』（評論社）の一冊『チョコレート工場の秘密』に出会った。この本の訳文がどんなにすばらしいかを語りつづけ、沢山の注文を受けていた。そんな折り、ある小学校から子どもたちにどんな本を薦めたらいいかと相談を受けた。松本さんは即座に例の『コレクション』を提案した。松本さんは自らの提案をゆるぎないものにするため、訳者の柳瀬さんを呼んで「特別授業」を目論んだ。

この小学校は、出雲空港から車で二時間もかかる本物の田舎にある。松本さんからの要請をうけた柳瀬さんは、それを承知で承諾し、編集者を同伴して件《くだん》の小学校へ向かった。六年生一クラス一六名、広い図書室で特別授業が始まった。ペタンと座る体育館座りで。柳瀬さんは、ことばを持った人間がいかにすごいか、ということから話し始める。次に火を使うことのすごさ、そして文字を持ったことの偉大さを「宇宙へいくことより凄いこと」だと強調する。「木」という字を例にして、「木」→「林」→「森」と紹介していく。中国にはこんな字もあると「林」が「森」状にかさなっている字も紹介し、文字のもつ深い意味を説く。私の筆力では柳瀬さんと生徒たちの生き生きとした発見や会話が紹介できないが、ことばと文字のもつ偉大な力を再認識させる話だ。柳瀬さんは力説する、子どもは大人から言葉を学び、その言葉のなかから社会や人生を学びとっているのです、と。私たちに向かって言われていると思ってもいい。本という言葉の集積を流布して食っている、本屋という仕事の重さも感じざるを得なかった。さわやかな緊張をくれた本だった。子どもをもつパパやママにおすすめします、柳瀬尚紀著『日本語ほど面白いものはない——邑智《おおち》小学校六年一組特別授業』（新潮社、二〇一〇年）。

（二〇一一・一）

皓星社のもだえ

「らい（癩）」の患者・元患者の作品を編集した『ハンセン病文学全集』全一〇巻を完結させた皓星社が、出版梓会が主宰する「出版梓会新聞社学芸文化賞」を受賞した。初回の配本が二〇〇二年の秋だったが前史からかぞえると二五年もかかって完結したことになる。皓星社の藤巻修一さんは詩人の村松武司に出会い、この道にのめり込んで行ったのだが、この文学全集のほかにも『ハンセン病違憲国賠裁判全史』（全九巻）や「ハンセン病選書」など、この分野では専門出版社だ。能登恵美子（二〇一一年没）という名編集者を得てのこの偉業である。

「選書」の中の一冊『向日葵通り』は、一九〇八年生まれの田中美佐雄の歌集だが、田中は一九二八年に発病、三八年一一月に草津の栗生楽泉園に入園する。三〇歳のときだ。以来六〇年以上この療養所で暮らすことになる。世間と病気と闘いながら詠みつづけた歌集である。ハンセン病に対する社会の理不尽を突きつけられる。

だが、ハンセン病関係の本は売れない。経済書より売れないらしい。患者や元患者の数は減りつづけ、いずれなくなるだろうが、この記録を出版した版元までもが消滅しては、あまりにも切ない。

群馬の友だちの顔がみたくて、正月に快晴の東北道を車で下った。館林で下りて上武道路に入る。久しぶりに見る赤城山が雲ひとつなく頭上に迫ってきた。赤城の山々に見とれて前橋近くまで行ってしまった。いつもそうなんだけれど、赤城山麓に抱かれると少年の頃が思い出されて意味もなく涙ぐむ。「ふるさと」とはたった一七年のつき合いだったけれど、そうなる自分がおかしい。群馬が生んだ詩人・萩原朔太郎は「郷土！　いま遠く郷土を望景すれば、万感胸に迫ってくる。かなしき郷土よ。人々は私につれなくして、いつも白い眼でにらんでいた」と望郷するが、戦後復興も、まだ緒についたばかりの頃出郷した私にとっては、「東京で稼いでこい」「あっちで生き抜け」という口減らし的な運命に唇を嚙むのが精一杯だった。それから、もう半世紀近くも経ってしまっている。室生犀星の「ふるさとは遠きにありておもうもの　そして悲しくうたうもの　よしやうらぶれて異土のかたゐとなるとても　帰るところにあるまじや……」と、そんな固い決意もなかったが、ここまでくれば赤城に抱かれて死ぬことは諦めよう。この東京砂漠がすっかり身にしみて、「べーべー」言葉は現地では通用しない偽物《まがいもの》になっているだろう。変わらないのは、胸に棲む「オレの赤城」だけかも知れない。今年の年賀状は、小学校で机を並べた女友だち、籠屋《かごや》の節子《せつ》ちゃんからの、たった一枚だけだった。

（二〇一一・一）

出版という平和産業

三月一一日の東日本大地震で被災された方はもちろん、被災されなくともビックリされた方々すべてにお見舞い申しあげます。あれ以来、連日の報道を聞くたびに言葉を失っています。

地震、津波だけでなく、それに誘発された福島原発の放射能漏れ事故は、これまた被災者だけでなく、全国の人々、世界の人々に気をもませています。野菜、魚、牛乳、水、空気、子ども……心にまで毒がまわりかけています。原発の修復や廃炉するについても、スリーマイルの前例をみると二〇年、三〇年、半世紀の歳月を要する。とにかく今は、原子炉の周辺・内部で奮闘している作業員や科学者の、まさに戦闘状態にいる人々の武運を祈るばかりだ。何十年もまえから、原発は日本を滅ぼすと警告されてきたのに、こういう事故が起こらなければ真剣にむきあわず、むしろ原発に寄り添い野放図に電力を費消してきたわれわれは、今こそ電気政策のあり方を問い直さなければならない。小社でもこの期に及んで、何を為すべきかなどと議論が始まった。我ながら健気《けなげ》なことと思うが、さて、どうする。わが社の健気は、蛍光灯の本数を減らしたり、便所の電気を消したりぐらいしかできていない。もっと考えようと、飲み屋にでかけてみると、そこも薄暗い節電蕎麦屋で、焼酎のお代わりも減らし気味になった。今までどれだけ無神経に灯《あ》かりをつけていたかを反省させられる。これは身近で起きている具体的なことだが、この事件は日本社会の何ごとをも、根っこから考え直すことを迫っていると思える。ある人はこれは「戦後の終わり、災後の始まり」といったが、考えさせられる言葉だった。悉くを「これでいいのか」「このままでいいのか」と問う必要がある。学問のあり方も、働き方も、家族のあり方も、政治も、経済も、教育もだ。ただ、NHKが何年もテーマとしてきた「家族」「地域あるいは故郷」のもつ連帯の有効性をこれほど現実のものとして提示されたことはなかった。

われわれは、この震災、津波、原発に対して完全に受け身であり、せいぜいカンパくらいしかできていない。本屋という仕事に後ろめたさはなかったはずなのに、的確な対応をしているという自信はない。出版という仕事は、急場や危機に間に合わない。被災地に現物を送ろう、と研究書を送って何になる。経済書や歴史書、それにさまざまな資料集の山が送られてきても、迷惑か邪魔なだけだろう。本とは、本当に平時、平和な状況でなければ読まれないし、作れないし、役にもたたない本物の「平和産業」だということを思い知った。

震災当日の社内の様子。全員社内にいた。四囲にスチール棚があり本がぎっしり詰まっている。倒れる気配は普段からある。訓練が行き届いているせいか、すぐさま部屋の真ん中に集まった。倒れ始める棚、飛び散る本、数分だったが全員顔がひきつった。こわかった。並の時には、地震がきたら助けてね、などと可愛いことを言っていた女子社員だが、私の胸に飛び込んで来た人は一人もいなかった。日を措いて倉庫も見に行く。こちらは目も当てられない程に飛散していて、書きたくもない。片付けに一〇日もかかった。整理のついでに倉の隅で何十年も頑張っていた古典的在庫には、涙をのんで勇退願った。

（二〇一一・四）

三鷹事件と服部之總

突然だが、一九四九（昭和二四）年七月一五日、中央線三鷹駅で無人の電車が暴走し、六人が死亡した「三鷹事件」を知っているのは、もう年配者を除いてかなり少なくなっているだろう。小社と約束し永い間待ち続けている松尾章一さんの仕事、『服部之總伝』の執筆が大詰めに来て、服部の晩年の記述に入っている。その中に「三鷹事件と服部之總」なる一節があり、そこに三鷹事件で唯一人死刑判決を受けた竹内景助さんと服部の文通が紹介されている。

事件当時はもちろんGHQの占領時代。共産主義の勢力削減のためには国家も占領軍も何でも考えた時代、下山事件も松川事件もこの前後に起きている。共産党員が逮捕され、非党員の竹内さんも逮捕される。党員の弁護士の一人から「単独犯行ということにしてくれ、革命が成功したら党の高いポストを約束する」とか言われ、党を守るために単独犯行を主張し、犠牲を買ってでる。だが二審では、党員は無罪で竹内さんは死刑判決となる。話が違うじゃないか、竹内さんは断固無罪を主張し始める。……詳しくは事典で調べてほしいが、GHQか共産党か誰の謀略かわからない冤罪の臭いのする敗戦直後の裁判である。そして死刑判決から六〇年たった今、竹内さんの息子さんが再審請求にたちあがったのだ。主任弁護士は高見沢昭治さん。昨年暮れに明治大学の面々による人権派弁護士布施辰治の研究書を出したばかりなので関心をもった。三鷹事件の弁護にも布施は活躍している。『服部之總伝』の刊行近しの報告旁々、歴史家服部が「死刑囚」竹内さんと親しく手紙を交わしていたことを伝えておく。

（二〇一一・四）

世界の「フクシマ」

またひとつ漢字の地名がカタカナになった。それは原爆を落とされた広島・長崎が最初で、米軍基地に占有される沖縄がその次。両者ともに世界性をもつ課題を背負い込んでいるからだ。そして今度は福島が、前二者とは異質な形でフクシマと呼ばれ始めた。原発事故も世界性はあるが、ヒロシマ、オキナワに較べたらその関心は圧倒的に低かったと思える。ノーモア・ヒロシマと叫びつづけてはきたが、原発の危地《きち》が津波で丸ごと流されるなんて考えた人は一人もいなかったのではないか。海底深くであの異様な火が燃えつづけたとしたら、世界の、海や魚や生き物はどうなってしまったか。流されはしなかった原発だが、あの状態でだって、世界中を汚し始めている。そもそも修理出来ない工作物を作ることへの恐れはなかったのか。神をも恐れぬ仕業とはこのことではないのか。

東京にいて灯りを無尽に使いながら、この電気が福島の原子炉の火だとは気にもかけていなかった。節電を強いられて初めて知った、東北からの搾取電源の重みである。力なき東北の村に原発を集中させ、都市の浪費を支えるシステムは、原発の危険や修理不能をかくし、安全神話を語るしかなかったのだ。市場原理と高度な科学技術が手を結んだとき、人間の欲望はより悪へと暴走する。福島が世界のフクシマになってしまった今、われわれにできること、しなければならないことは、無関心を捨てることだ。本屋に何が出来るか、などと高尚ぶった議論をするよりも、原発の誕生とそれを育成した歴史や、その害毒度に無関心であった自分を正気に戻すのが先だろう。言い方を変えれば知らないことは聞くことだし、知ってることは話すことだし、そう話し合うことだ。みんな三・一一以後は考え込んでいる。生命のこと、人間と自然の関係のこと、地域でのつき合い方、〝絆〟って言葉も頻繁に聞くようになった。

ところで、TVも新聞も本当のことを伝えていないような気がする。放射能に被曝した肉のことだって、本来なら食べてはいけないものなのに「この線量なら大丈夫」と、すぐ安全を宣言する。どうしたらいいかを議論しなければならないのに、その議論を止めてしまうような論調なのだ。福島原発の被害はチェルノブイリを上回ると指摘するロシアの学者がいるのに、そういう発言は伝えない。チェルノブイリではもう一〇〇万人を越す死者が出ているという。一〇万じゃない。福島もこれから何十年か先にはこうなるのか。そんなことを言ったらパニックを起こすから、危ないことは言わないと政府高官。「福島は別です」と議論に蓋をしないで、どうしたらいいかと議論を巻き起こすのが、あれ以後のやり方ではないのか。原発で死ぬなら真っ暗闇のほうがいい、という人もいるかも知れない。

七月上旬の朝日新聞が『「三・一一」前の原子力本』という小特集を組んだ。「本屋さんには、新刊の原発本が山積みだ。だが、こんなときは、三・一一に先立って世に出ていたものをまず読みたくなる。確実に後知恵ではない真実がある」と書き出し、岩波書店と筑摩書房、みすず書房そして新潮社、集英社の本が紹介されている。どれもリッパな、あれ以前に出た本のようだ。これらの本にあれこれ言うつもりはないが、原発の非を論じ、その危険性、欺瞞性を突いた本はこの大出版社に限らない。われわれの組織するNR出版会の仲間七つ森書館では創業間もない一九八六年に高木仁三郎の『チェルノブイリ　最後の警告』を出している。早すぎてか「全く売れなかった」そうだ。それでもここの創業者中里英章さんはめげずに『脱原発年鑑』を出し、さらに『反原発出前します』『科学としての反原発』など、三・一一以前に八〇点近くの「反原発」ものを積み上げている。『高木仁三郎著作集』全一六巻もここだ。出版梓会からはこのひたむきな反原発姿勢を褒められ「出版文化賞」をもらっている。七つ森書館だけではなく、わが仲間たち現代書館、新泉社、柘植書房新社、批評社、緑風出版なども八〇年代からすぐれた意見書を出し続けている。朝日の視点がどこにあったか不明だが、このような時だからこそ、書評紙面の常連出版社ではなく、「反原発」を貫いてきた弱小出版の、地道な活動を紹介してほしかった。

七月一六日、東日本大震災の爪痕を、ニュースで見させられるだけではなく、この目でもみておきたいと思い福島に足を運んだ。老体だ、遠くまでは行けない。郡山から四九号線でいわき市に向かい小名浜港に到着。今もなお斜めって立つ電柱やアスファルトの山、海辺に横たわる家や工場の残骸は、やはりこの目で見なければならなかった。アクアマリンは修復なって今日が再開の日だった。子どもたちが手をつないではしゃいでいた。そこでの地元の老人「とにかく、目にみえるものが元の形に戻ってくれなければ、先のことは何とも言えないな」と。現場、足元とはこういったものかも知れない。走行 五七八㎞。

（二〇一一・七）

成長という幻想

一八世紀の末、イギリスのエンジニアであったジェームズ・ワットが蒸気機関を発明し、産業革命を大きく前進させた。それは職人を廃《すた》れさせ大量の工場労働者を誕生させることになった。いわゆる近代の出発である。資本と労働のせめぎ合いもこの時から激しくなるのだが、労働者も資本家も共通して求めたものは、経済の発展であった。それが「しあわせ」をもたらすと固く信じた。近代とは成長することが条件であった。この成長に対する強い執念は、強国の植民地争奪を起こし、戦争もしなければならなかった。マルクスの『共産党宣言』も『資本論』も産業革命が生み出したものだ。社会主義という主義のもとに革命を成功させたのも、淵源は産業革命にあると言っていい。こじつけに近いこんな論法はともかく、経済の成長を前提にしたシステムや生き方（月給は上がるもんだという幻想、今なら判る）が、この時代から始まっていることを言いたかった。二〇〇年もたっているが、それはまだ棄てられた思想ではない。今もしっかりと継承されている思想なのだ。より多くの「しあわせ」を求めて我われは近代を走りつづけてきたが、「しあわせ」になったろうか。「しあわせ」とは平和のことだ。平和とは「安心」ということだ。ほど遠いどころか逆行していないだろうか。

だが、三・一一福島第一原発の崩壊によって科学技術や進歩というものへの不信にも似た不安感が拡がり、我われを立ち止まらせることになった。進歩すれば人々は幸福になれるのか？　原子工学の世界は、進歩すればするほど災厄を増やしてはいないだろうか。自分で制御できないほどに酔いがまわっていないだろうか。被災地・被爆地から届く映像は、無表情な冷たい平面である。ここから連想するものは、一九四五年三月一〇日の東京大空襲後の東京、爆心地の広島・長崎ではないだろうか。一瞬にしてすべてのものが消された戦争の記憶である。戦争なら敵がいるはずだ。誰と戦ってこの姿なのか。被爆国が自ら被爆している。敵は内部にいるはずだ。夏の花火の夜、花火師が誤って客席に花火を打ち上げたのとはわけがちがう。

山本義隆さんが『福島の原発事故をめぐって』（みすず書房）の中で言いきっている。「原爆と原発の理論は、基本的に物理学者が実験室で発見したものだ。ヒロシマ・ナガサキ・ビキニで、人体と自然に対する「政治的な実験」を経て、巨大な技術となった。その巨大な技術の内実は、ほぼ永久に始末もできない膨大な「死の灰」を発生し、いったん事故が起これば人間の手に負えない「未熟」な技術である。」と。

しかし、震災と原発事故によってわれわれは顔を上げることができた。それまでうつむいて、どうしていいかわからない日々を送っていたが、あまりの衝撃に顔を上げざるを得なかったのだ。上げた顔のすぐ前に、こちらをみつめる真剣な目があった。どうしよう。何をしよう。それでいい。不安なことは話し合えばいい。何が大事か考え合えばいい。それが始まりだ。この悲惨に気づいたからこそ、あえて未来に賭ける勇気が生まれる。今こそ、パンドラの箱に潜んでいるエルピス（希望）を叩き起こせ。ガンバルのは日本じゃなくて俺たちだ。

（二〇一一・一〇）

執念の作、『福田徳三書誌』できる

一九八八年に着手し八年がかりで仕上げた田口卯吉主幹『東京経済雑誌』の記事総索引は、東京近郊の図書館に勤務する一九人のライブラリアンによって成し遂げられた大索引です。四七〇〇頁を越す重量もある四冊ものです。この索引作りの中心者のお一人であった金沢幾子さんが、この度、『福田徳三書誌』なる大作を上梓しました。一〇年以上も、たった一人で福田と格闘してきました。今年の年初に初校が出て、六度の校正をしたものです。震災・原発の事故を気にしながらの仕事でした。

福田徳三といっても、今となっては、ピンとくる方は数少ないでしょう。大正期の経済学者でドイツに留学しブレンターノに師事し、東京高商で教鞭をとりながら、経済理論、社会政策、労働問題など多方面にわたり執筆・発言をした人です。吉野作造らと「黎明会」を組織し、急進的な雑誌「解放」の編集にも従事した。高い評価を受けながらも、なぜ労働運動・社会主義運動の主流からはずれていったのか。この『書誌』によってそんな疑問にも回答を与えてほしいものです。金沢さんにこの仕事をすすめた杉原四郎さんは、二〇〇九年に亡くなられている。生きて見ていただくことは出来ませんでしたが、私からも、謹んで先生の墓前に捧げたいと思います。先生、金沢さんの仕事がようやく形になりました。お褒めのことばをかけてください。

（二〇一一・一〇）

書くことは生きること——小原麗子さんの本

一〇歳のときに姉の死を見て、また一七歳の頃に「見合い」という縁談がもちこまれ、「家」や「村」や「国家」を意識し、もっと本が読みつづけたいばっかりに、家庭を持たず、ひたすら戦後という昭和を生きてきた一人の東北女性がいる。彼女は結婚相手や職業さえも自由に選べないこの国の不条理に対して、その生涯をかけて抵抗しつづけてきた。

そして三〇年ほど前、五〇歳になる少し前か、小さな読書会を組織し、村の女性たち、といっても、おばあちゃんたちに向かって「書くことは生きること、読むことも生きること」を呼びかけてきた。家や子どもを守ってさえいれば何事も起こらず平穏＝いさかいのない日々なのだと思い込まされてきた彼女たちは、今まで何げなく対峙してきた野良仕事のこと、嫁という立場、姑とのいさかい、貧乏……その他もろもろの中に「社会」との関係を感じとっていく。この村のおなごたちは仲間との対話の中から、文章や詩を書くことは、自分の考え方をつくり自らの生き方を決していく力になる、と今は確信していう。

おなごたちのおしゃべりや読書や詩作のたまり場「麗《うら》ら舎」は、ちょっとへんくつでそれでいて涙もろいおばあちゃん、小原麗子さんの拠点である。今年の初め、大門正克さんの強い意志によって編まれた『自分の生を編む　小原麗子　詩と生活記録アンソロジー』は戦争と女について、地べたから発言しつづけた魂の書である。

読み始め、女たちの恨み言ではないかと思ったが、くやしさ半分読み進むうち、この本はこの国の因習や無法を高らかに笑い飛ばしているふうにも思える。そして書くことがこんなにも、力を湧かせ、仲間とつながり、人びとを納得させるものかと更《あ》らためて思わざるを得なかった。久しぶりに読後の爽快な本に出くわし、ついでにポール・エリュアールの詩を思い出した。

俺の大事な　ノートに
机の上に　木々に　砂の上に
そして雲の上にも

俺は　お前の　名前を書く
……
そしてひとつの言葉の力で
俺はもう一度人生にたちむかう
俺は　お前に会うために生まれた
お前の名前を　書くために生きる
自由よ！

（二〇一一・一）

大学図書のおやじさん

この神田に、大正一三年創業の法律書専門の取次店がある。経営は井田家一族によって継承されてきた。もう九〇年にもなろうという取次大学図書である。何代目に当たるのか不明だが、正月、ここの井田元《はじめ》会長が亡くなられた。八四歳だった。

小社には法律書は数えるほどしかない。だから取引といってもほんのわずかなのだが、なぜか創業間もなくから、いろいろやっかいをかけてきた。近所の取次日販から受け取る手形を割ってもらいつづけたのは、どれほどの期間だったろうか。そのうち、通帳とハンコを持たされて、自分で銀行にいって手続きしてこいということにまでなった。亡くなった会長の母（おばば）も赤いスカートを穿《は》いて、きつい目であれこれ言うのだ。髪の毛がボサボサだとか、ワイシャツの襟が汚れてるだとか、およそ商売に関係ないことを指導された。それでもこの「大学バンク」がなかったら、どれほど不自由したろうか。そして言葉は乱暴にきこえたが、何か暖かみのある仕種であった。おばばと夕方からスーパーニッカを飲みつづけたこともあった。鏡開きには今でも招ばれる。会長の弟シゲさんに御茶ノ水の焼鳥屋で鳥の皮を腹いっぱい食わせてもらったこともあった。おばばも、シゲさんも、会長も、みんな逝ってしまった。往時は茫々。いずれそちらに参りましたら、資金繰りなど心配せず、今度は私がおごります。現社長井田隆君の精進を祈ります。会長、安らかなれ。

長野善光寺地震（弘化四年）の被災者中条唯七郎（村役人）の綴った被災記録『善光寺大地震を生き抜く』ができた。近世史学者の青木美智男さんと中村芙美子さんたちが読みつづけてきた史料である。この翻刻読書会が終わって原稿が出来あがったちょうどその時、東日本大震災が起こった。解説者の青木さんは「テレビや新聞で伝えられる震災後被災者が体験している日々が、そのまま善光寺地震を体験した人びとの日々に当てはまると思うくらい類似していることに驚きを感じ」、「地震の歴史的研究とは、発生時の印象が強烈すぎて、どうしても被災状況や災害の規模に関心が移りがちで、その後の余震に悩まされる毎日にまでは及んでいない」と思ったという。研究者としての災害に対する直感だろう。青木さんは口も早いが、手も早い。そう思ったと同時に小社の玄関に立っていた。歴史学研究会も災害史研究に見直しを提案している折でもあり、逃げるのは卑怯だ。暮れのドン詰まりにできました。どうぞみなさんも、この本を抱いて、余震が七年も続いた大地震の恐怖の日々を共有してください。

（二〇一二・一）

同級生の仕事と本

高等学校のときの同級生・高木侃《ただし》さんが、わが社のすぐ裏にある専修大学法学部を定年になった。これで近所の友だちがまた一人減った。定年記念の本作りをお手伝いした（『三くだり半の世界とその周縁』）。そのせいで三月二〇日、定年さよならパーティーに招ばれ、顔をだした。そしたら何っ、田舎から同級生が一〇人近くも来ていた。会の後には同窓会になるな、と直感した。案の定、二次会は蕎麦屋「佗助」を店ごと借り切り、主賓そっちのけで五〇年の空白を一気に埋めた。みんな昔の少年少女に還ってしまい、先生のことや誰それがどうした、孫はどうした等となった。法律のことなど勉強してきたわけではないから、高木さんの業績など誰も話題にしない。許せ。お神酒も手伝って少し羽目をはずしかかった。昔少女だった婦人など「あのときわたしのこと思っていたでしょ」と誰かに絡んでいた。いまごろよく言うよ。なごやかな同窓会をありがとう。

高木さんは縁切状「三くだり半」の研究で生涯を費やした法制史の専門家。上州太田市立縁切寺満徳寺資料館の館長も長くつとめ、研究のためとは言うが、三くだり半の蒐集も趣味で、古書店や資料館から蒐集してきた三くだり半は千通を軽く超すという。われわれがもっている三くだり半のイメージは、夫が気に入らない嫁は一方的に離縁され、妻は泣く泣く実家に帰る「追い出し離婚」の図だが、高木さんはさまざまな三くだり半を分析し、嫁が亭主を捨てる場合もかなりあったと定説をくつがえした。

あの上野千鶴子さんは、高木さんの論説を読んで「女三界に家なし、の忍従の生活を強いられていたという思いこみがくつがえされ、快哉を叫んだものだ。女を受動的な被害者と見るのではなく、能動的な主体として見る見方が登場してきた」と、フェミニズム運動にも影響を与えたと指摘する。高木さんは縁切状で博士となったが、その研究は続けるのだろう。定年後も私や本屋とは縁は切らずに、深い交わりを続けたいものだ。（二〇一二・四）

山田晃弘さんからのメッセージ

大震災・原発事故から一年が過ぎた。福島の被災地では、村が立ち入り禁止区域と立ち入りOK地域とに仕分けされ、地域が分断されそうになっていると聞く。絆だの連帯だのと言っておきながらこのやり方はないだろう。農道一本でこちらとあちらが、住んでよい、住んではいけないとなったら、暮らしというものはなりたたない。人はまさに繋がって生活しているのだ。全く人間の暮らしの成り立ちを無視している。ニュースを聞きながら怒りというか行政の無謀に腹が立ってきた。

そんな矢先、校倉書房の山田晃弘さんがメッセージを送ってきた。紹介する。

「地域が分断され、さらに共同体が破壊されて「絆」が断たれた福島の発言には「絆」の重みと同時に〈怒〉があった。これは〈自然大災害〉の悲劇と安全神話に騙された〈想定外〉の人災の体験の差によるものか。これからの歴史の記録には、東日本大震災と東京電力福島第一原子力発電所の事故が〈絆〉と〈怒〉二つの言葉で未来永劫に語られ遺される」「まったなしに季節は駆け巡ってくる。津波の残土処理、仮設住宅問題、インフラ整備など、生活基盤の再生が焦眉の問題である。そのような中で、公然と一国の総理大臣が内に外に消費税の値上げをぶち上げている。いつの間にか、連日の報道で〈社会保障と税の一体改革〉が一人歩きし、耳障りな言葉が誘導している。大震災も〈だし〉にされているようである。不愉快な言動でもある」

山田さんは千葉の地域で平和運動や歴史の掘り起こしに力を注いでいる、初老の歴史書編集者である。団地の集会所で、老人やお母さんたちと語り合い、子どもたちに地域の歴史と政治への怒りを語りかける老人が山田さんである。絆も怒りもこんな地道なことから実のあるものになっていくのだと思う。

（二〇一二・四）

安全は誰が確かめたか？

借金が多いという理由で、会社の継承を拒否する思想がある。会社は自分たちが食っていく場所だ。だから、誰かが引き受ければ済むことだが、誰も受けとらなかったら、その会社は逃散《ちょうさん》か絶滅を余儀なくされるだろう。これは愚の愚だが悪とまでは言えない。

だが、国家の場合、赤字国債が多すぎる、あいつらが作ってきたこの国なんか引き受けられるか、といって放棄することはできない。むしろ、「あんたじゃこの国はダメになる、オレがやる」と出張るのが代議士や政党の仕事だ。国民の代表者としての必然の行為である。会社の重役や古参社員の生態とはわけが違う。

原発事故についても、この政策を進めてきたのはあなた方自民党だから、あなた方が起こした事故については責任はとれない、とは言えない。政権を奪取した民主党はいま正念場に立たされている。

一九六〇年代初め、東海村に建設した動力試験炉が発電した。日本の原発の誕生だった。六〇年代後半、自民党政府は原発について「将来の大事なエネルギー源」と位置づけ、原発建設に精力的に取り組みはじめる。福島第一原発の一号から六号機は全て一九七〇年代に建設され、福島第二の一号から四号機は八二年から八七年にかけて作られている。

二〇〇九年秋、民主党は、東日本大震災の発生など選挙のマニフェストには入っていなかったろうが、社民党、国民新党と提携して三党連立内閣を発足させた。ギクシャクしながらの政権運営であったが、その初期においては、国民の期待を集めたものである。鳩山一郎内閣は、オキナワ問題などに躓《つまづ》き、一年も保たず菅直人内閣に代わる。東日本大震災が起こったのは菅首相になって九ヵ月目のことである。福島第一原発の事故の対応について海江田万里経産大臣、枝野幸男官房長官などと共にテレビに映し出されていたのはついこの間のことだ。原発が抱えるとてつもない危険性を全国民が身に沁み、つながることの大切さを感じ、絆だ連帯だということも思いおこした。脱原発は大方の国民感情となり、首都では何十年ぶりかになるだろうデモまで組織された。自民やその他の政党に突っつき回されながら、二〇一一年、野田佳彦内閣誕生。福島原発事故が手もつけられていない状況の中で、である。「原発の再稼働はさせない」という方針を貫くかに思わせた野田政権であり、全ての原子炉が止められもした。そのうち「安全確認」という言葉が登場し、再稼働が浮上してきた。自治体の首長などにも、現地の意向や消費者の要望などと共に、再稼働への圧力が増していった。そして、六月に関西電力大飯原発三号機、四号機の再稼働が決定された。野田首相は「原発を止めては、日本はやっていけない」と記者会見で言った。「脱原発」と一言でも口にした者が、その舌の根も乾かぬ同じ唇から出る言葉だろうか。

その前に「脱原発」路線でいくとこんな風になっちゃうのですよ、というマイナスの未来図も見せてもらいたい。その上でわれわれがどうするか、を考える、つまり参加の場や時間が欲しいのだ。ただの消費者にしても、電力不足は「かなわねえな」とは思うし、暮らしにどんな影響が出るのかも多少の予想はつく。だから、これからの長期にわたる電力の基本方針、不変不動の政策提示をしてからにしてもらいたいのだ。なし崩しは悪だ。いけないことだ。国民も政権を批難するだけでなく、現実につながる何ごとかをしなければならない。もちろん私もだ。

「脱原発」だったら多少の暑さやうす暗さには我慢するし、成長の止まった社会でも生きる方法を捜すことはできるはずだ。腹は減っていても、つながる幸せを体感したほうが生きる力が湧いてくるかも知れない。

原子力発電の年表を見ていたら、着工予定のあった発電所がいくつもあったことを知った。島根の三号機は二〇一一年一二月に運転開始予定だったこと、敦賀には二〇一八年に三号、四号機が運転を予定していたこと、また、東京電力では、二〇二〇年ごろまでに運転できる発電所を三ヵ所も計画したり着工したりしていたことなどだ。地元の人々は、もちろん知っていることだろうが、国民一般にはなにも知らされていないのだ。

昨日家に帰ったら、東京電力から「電気料金値上げのお願い」というビラが送られてきていた。

今年も決算をしなければならない面倒な時期がきた。毎年同じ段取りで、全く同じ形式で数字を埋めていくのだが、その埋められる数字が小さくなっていく。桁の下がったものもある。年度の発行点数五二点、総発行部数五万三千部、一点あたり千部そこそこなのに、倉庫には本が貯まる一方だ。毎年同じことをボヤいている。ボヤキの内容に進歩がない、発展もない。

（二〇一二・六）

困ったことです。ここに収録した拙文も、数えてみると二六年の月日が経っている。あれこれと思い巡らしたことの拙い記録はこれで一区切りにします。同じようなことを毎回書いて、あまり進化しない拙文に長々とおつき合い頂いたことに感謝いたします。実名で登場願った方ばかりです。不快だったり失礼がありましたら、どうぞお許しください。

みなさまの前途の洋々たることを祈ります。お元気でお過ごしください。

決意を込めて——謝辞

学校を卒えてから月給取りになって、もう五〇年近くになる。よく死ななかったと思う。病気や事故は数え切れないほど体験したが、生命については、幸運だったと言ってよいだろう。生きていたからこそ、本書に出てきた多くの人々に出会うことができた。

西谷能雄さんは出会って以来、ずっと骨にしみ込んでいる。いわば逆境の中で声をかけてもらった重みがそうさせたのだろう。会話を交わしたのはほんの少しだったけれど、出版の世界で生きるための指針になってきた。西谷さんはどう思っていたか知る由もないが、私は西谷さんを好いたし、慕ってもいた。西谷さんの書いた本は残らず読んだ。私を指導した一瞬の日々が骨にしみいるほど嬉しかったのだ。西谷さんは、わが社の恢復も確かめず、また松本さんをも置き去りにして逝ってしまったが、私の心の中にはいつまでも生き続けるだろう。

西谷さんに縋《すが》りついたとき、同時に知り合いとなった松本昌次さんも、以来、私の側から離れることはなかった。富盛菊枝さんや三好まあやさん、米田卓史さんを初め、たくさんの愉快な友人を仲間にしてくれた。松本さんは、私のことを「農民」とか言ってからかったが、私の発言や書いたものに必ずといっていいほど、注文や小言を言ってきた。それは人品に関わることであったり、平和や朝鮮の問題であったりした。何かを言ってしまってから、あっ、松本さんに叱られるな、と緊張することはしばしばであった。その松本さんに、『西谷能雄　本は志にあり』をまとめてもらい、やがて多くの人から忘れられてしまうであろう西谷さんを記念した。

松本さんは悲しい人ではない。怒りの人だ。口先の人ではない。実行の人だ。また、貧乏も恐れはしない。先ごろ世話をかけ続けた恋女房恵川《えがわ》さんに先立たれたが、惚《ぼ》けてもいない。出版という武器を駆使して、生涯をかけて平和と人権、迫害と差別に立ち向かっている。だから影書房の本にはブレがない。いま八四歳。まだまだです。

社業にからめて思えば、曲がりなりにも学術書出版でこられたのは、柴田敬さんのことを忘れてはいけない。柴田さんは出会って間もなく亡くなられたが、『経済の法則を求めて』を遺していかれ、われわれが守るべき分野を指し示してくれた。その延長線上に大石嘉一郎さん、西田美昭さんがおられた。信州五加村の研究グループとの出会いは学術分野への傾斜を一層強めた。大門正克さんや栗原るみさんがいたお蔭でこの出会いはあった。

毎日新聞社にいた本間義人さん。わが社で何冊も単著を出しているがそのことよりも、本間さんの好意と推薦によってＮＩＲＡ（総合研究開発機構）の理事長下河辺淳さんに接近できたことだ。経済企画庁に保存されていた戦後の経済計画関係資料は、われわれが殆んど復刻した。二〇〇巻を越す資料群はＮＩＲＡの理解と資金的支援がなかったらとてもやり終えられる仕事ではなかった。一九九一年二月、あの日に本間さんのいたことが、この社の経済資料復刻の名誉を不動にした。ありがとうございました、本間さん。

「あくね」のママも唯の飲み屋のお女将ではなかった。客が出版社だったり、研究者だったことが多くの出会いをもたらした。その第一は渡辺勲さんだろう。呑んだ量も湯船の一杯や二杯ではきかないだろうが、夜ごとの話題は多くの示唆を含んだものであり、そこからヒントを得た思考は心を豊かにするものがあった。また歴編懇につれていってくれたのも渡辺さんだった。ここでは名だたる歴史書の編集者たちが顔を連ね、酒も呑むが議論も好きな人たちだった。「あくね」がなかったら林健久さんにも出会わなかったろう。そしてあの厖大な復刻資料集も出来なかったにちがいない。ところで、この「あくね」に誘ってくれたのは論創社の森下紀夫さんだった。八八年二月一二日とメモがある。このふとした行為も運命にまでつながる大きなきっかけになっている。

日大経済学部図書館にいた大日方祥子さんも彩どられた日々を作ってくれた。『東京経済雑誌』の索引づくりで深くつき合うことになったのだが、大日方さんが率いる女子や青年たちは「大日方組」とか称して、芝居もコンサートも勉強もいつも一緒に行動していた。私もときどき参加して賑やかな夜を過ごした。

この索引づくりの中心的な仕事をされた金沢幾子さんも、晩年に至るまでつながることになった。二〇一一年に刊行された『福田徳三書誌』は、金沢さんのライフワークであった。その仕上げをお手伝いできたことは、小さな恩返しができたようで、私も嬉しくなった。

また、先輩の青木美智男さんや同級の高木侃さんとも縒《よ》りが戻って、何かがつかえていたようなもどかしい気分がふっきれて、心やすまる日がもどっている。遅すぎた復縁に逆恨みも、不確かな齟齬もみんな水に流して、今夜もなじみの蕎麦屋でのんでいる。

何と言っても仕事をともにしてきた仲間がいる。今も出社して埃りにまみれる谷口京延さんと清達二さん。倒産に等しき状況を共にし、重労働に耐えながら、それでも希望を語ろうとしてくれた二人には、何を語りかけたら癒されるのだろうか。その後入社してくれた多くの人たちがいたが、ほとんどの人は見限っていった。いまもい残る編集の新井由紀子さん、よく堪え続ける総務の片倉麗子さん、営業の先端を走る木野村照美さん、柿﨑均さんの二人、未来を期待させる梶原千恵さん、妖しい才能を隠し持つ鴇田祐一さん、われわれには果てしない前途がある。明日も本を拵えるのだ。がんばろう。

ただ、こんな殊勝なことを言ったからといって、私は引退するわけではありません。生涯現役を嘯いている私に、さようならはない。頭も回転が鈍り、肉体もあちこちすり減ってきたし、背も縮んできた。老兵は去るのみという。私はマッカーサーではない。私は明日目覚めれば武器を取る。

私を導いたあれこれの出会いは、右にあげたくらいではとても及ばない。とても網羅できない。

また、本を読むことから教えられたものも仰山ある。人々が遺した知的遺産と生身で生きる多くの人々に抱かれて、今があることを実感する。田舎の死んだ父母からの恩恵もある。兄貴や姉ちゃんたちにもいろいろ厄介をかけた。みんなに感謝する。

長々と「つぶやき」をついてきましたが、最後に本書の出版を薦めてくれた影書房のみなさんには、普段からわがままを言って困惑させてきたことを謝り、このような奇妙な本を出版して下さったことに感謝いたします。ありがとうございました。松本さんは間もなく、「後は頼む」といってわたし（たち）に託していくだろう。託されたものは別の誰かに渡さなければならない。それは誰だ。生き続けて考える。松本さん、長生きしてください。松浦弘幸さん、吉田康子さん、ありがとう。

二〇一二年六月二五日

栗原哲也

人名・出版社名索引

あ

相川直之　51
青木栄一　25, 213
青木書店　81, 143, 186, 187
青木春雄　81
青木理人　81
青木美智男　254, 282, 292
赤井三郎　33, 114
明石茂生　156
明石書店　143
亜紀書房　215
秋山順子　198
芥川也寸志　195
アグネス・チャン　39
阿久根テル子　89
浅井良夫　122, 156
あさ子　4
麻島昭一　138, 139
明日香出版社　33, 74, 114
飛鳥新社　143
校倉書房　186, 284
新　八代　50～1
渥美　清　90
安部公房　195
天川　晃　157
網野善彦　110, 178
雨宮処凛　229
雨宮昭一　157
アヤ子　4
あゆみ出版　52
新井直之　38, 46
新井由紀子　62, 226, 292
安在邦夫　205

い

飯沢　匡　232
家の光　119
伊木　誠　156
池上　彰　260
池田勇人　121, 215
池　一　187
伊沢八郎　121
石井　敦　28
石井寛治　205
石井喜久枝　194
石井良助　222
石川九楊　85, 198
石黒忠悳　67
石野京子　74
石野誠一　33～4, 74, 114～5
石原裕次郎　195
石母田正　222
伊集院立　254
磯辺俊彦　57～8, 96
井田　隆　282
井田　元　281～2
一莖書房　194～7
伊藤　修　118
伊藤正直　156
伊藤ルイ　73
井上ひさし　173～4
井上光貞　110, 111
井上光晴　70
今井勝彦　46
今崎暁巳　38
今田　忠　126
入江とも子　6
色川大吉　214～5
岩井　章　92

岩田書院　65
岩波書店　64, 84, 89, 100, 118, 127, 146, 157, 186, 198, 209, 215, 228, 275
石見　尚　26
インボーデン　236

う
ヴァイツゼッカー　86
上野英信　190
上野千鶴子　284
上原専禄　222
牛島光恵　194
薄井　清　52
内田　潔　231～2
内田義彦　222
内橋克人　126, 127
内村鑑三　134
内山秀夫　264
宇野弘蔵　139

え
江口朴郎　110
枝野幸男　286
江原真二郎　195
エリュアール，ポール　280

お
老川慶喜　25, 136, 180, 214
オイル・リポート社　59
大石嘉一郎　205～8, 244, 290
大石和一郎　234
大内兵衛　139, 207
大門正克　133, 280, 290
大来佐武郎　228
大島藤太郎　30
大月書店　143
大伴家持　175
大橋佐平　66
大橋進一　68
大橋新太郎　66～7
大森とく子　156
岡崎哲二　156
岡田和喜　82, 138
緒方俊雄　123
岡本太郎　195
奥　武則　237
奥田のぞみ　75～6
小沢弘明　254
御茶の水書房　30
小汀良久　126, 127, 215, 257
小原麗子　279～80
大日方祥子　82, 291
折原脩三　27, 52

か
海江田万里　286
海原　卓　174
凱風社　143
海部俊樹　49
柿﨑　均　292
学陽書房　81
影書房　3, 45, 65, 70, 128, 129, 160, 198, 240, 290, 293
梶原千恵　292
春日八郎　121
片倉和夫　6, 213
片倉麗子　292
角川書店　152
門脇禎二　110
金沢幾子　82, 225, 278～9, 291
金澤史男　206, 244～5
要　4
上坪　隆　65
亀井　淳　38
かもがわ出版　143
唐木順三　222
ガレット　236, 237
川口　弘　123, 265

河島英五　151
川地民夫　195
川中美幸　74
姜尚中　157
神田三亀男　31～2
菅直人　286

き
菊池明郎　252
菊地チヤ子　171
岸　薫夫　231,232～7
木下順二　92,222
木下武男　38
木野村照美　94,292
木村千惠子　144
木村礎　5,108,113,175～7,183～4,257
京都大学学術出版会　85
金原左門　187,198

く
国定忠次　4,246
国広敏文　264
久保井理津男　221～3
熊谷博子　192
公文園子　254
栗原るみ　290
クレスト社　143
黒川みどり　157
黒木和雄　173～4
黒沢　明　23
桑原武夫　222

け
勁草書房　211
見城　徹　69
現代書館　57,275
幻冬舎　69,143

こ
高二三　216
小泉純一郎　164,168～9,193
高坂正顕　222
皓星社　143,268～9
講談社　152
合同出版　252
河野　勝　261
弘文堂　221,222
国書刊行会　143
こぐま社　188～90
後藤新一　26,125
後藤清一　34
後藤亘宏　195
小西四郎　37
小林　旭　195
小林二郎　114
小林多喜二　228
小林　昇　222,263～4
小林正美　187
小松厚子　119
五味川純平　157
小鶯順造　40
近藤すみえ　237～9

さ
斎藤　哲　264
斎藤喜博　195
坂本恒夫　155
向坂逸郎　191
祥子　4
佐藤純弥　185
佐藤　誠　49
佐藤幸夫　27
佐山忠雄　235～7
澤地久枝　157
三省堂　186
残間里江子　39

し
柴垣和夫　198
柴田　敬　96,253〜4,290
島崎久弥　49〜50
清水幾太郎　195
清水慎三　73〜4,90,91〜2,191
下河辺淳　83,290
下村満子　57
下村由一　254
集英社　198,275
小学館　214
庄幸司郎　78,128〜9,241,242〜4,263
上丸洋一　74
ジョーンズ，ジェフリー　154
新幹社　216
新泉社　127,215,257,275
新潮社　228,268,275
甚平　4

す
菅原謙二　195
杉原四郎　82,96,254,264,279
杉山　喬　231〜2
杉山忠平　96,120〜1,263
鈴木真一　145〜6,241
簾内敬司　73,78,115〜6
隅谷三喜男　139

せ
清　達二　6,26,292
関千枝子　73
関根みよ子　5
節子　4,270

そ
曹石堂　180〜1
創文社　100,186,221
反町茂雄　90
宋神道　94

た
ダイアナ　106
第三書館　228
隆明　4
高木郁朗　92
高木邦彦　125
高木仁三郎　275
高木　侃　283〜4,292
高嶋修一　245
高見沢昭治　273
多木浩二　157
田口卯吉　82,278
田口冨久治　92,264
竹内景助　272〜3
竹内　好　200〜1,217,218,242
竹園あさ子　197
武田晴人　205
田島金一郎　235
多田　進　52
龍井葉二　92
田中惣五郎　97
田中敏弘　264
田中　浩　60,187
田中真紀子　167
田中美佐雄　269
田中羊子　41
谷川　雁　217
谷口京延　6,25,26,56,121,176,213,226,292
種井孝允　255〜7
玉川大学出版部　209
団藤重光　222

ち
筑紫哲也　57
筑摩書房　84,162〜4,200,252,275
知泉書館　187
中央公論社　48
中央大学出版部　186,187

つ
筑波書房　119, 251～3
柘植書房新社　275
坪谷善四郎　66～7
鶴田浩二　193
鶴見淑男　252

て
手島かつこ　93
哲哉　4
寺内タケシ　132～3
暉峻衆三　227
展転社　143
天摩くらら　247～8

と
土井正興　187
東京大学出版会　60, 63, 71, 84, 100, 110, 135, 147, 178, 186, 187, 199
東京堂書店　48, 186, 228
遠山茂樹　37
鴇田祐一　292
徳間書店　143
図書新聞　74
富沢賢治　38, 39
富盛菊枝　73, 289
冨山一郎　73
土門　拳　190

な
永井荷風　256
長尾　真　249
長坂淳子　253
中里英章　275
中島　敦　5
中条唯七郎　282
中谷義和　264
永原慶二　178
中村錦之助　195
中村尚史　136
中村芙美子　282
中村政則　117, 225
中山千香子　121
梨の木舎　143
棗田金治　215
七つ森書館　252, 275

に
西尾幹二　142
西川正雄　253～4
西嶋定生　110
西谷能雄　7, 37, 45～6, 74, 76, 88, 100～1, 146, 221～3, 227, 228, 239～41, 242～4, 289, 290
西田美昭　133, 138, 205, 244, 290
西部　邁　91

ぬ
布川角左衛門　83～4
沼尻晃伸　206

の
農文協　209
農林統計協会　119
野崎六助　229
野田正穂　25, 213～4
野田佳彦　286～7
能登恵美子　269
野間　宏　222, 243
野茂英雄　78
則雄　4
ノン子　5

は
萩原朔太郎　269
白水社　198
博文館　48, 66
橋川文三　217

橋場　弦　63
橋本健午　80
橋本　進　40
長谷百合子　171～3
畠山義郎　115～6
八朔社　6,213
服部之總　272～3
鳩山一郎　286
花田清輝　222
林恵理子　134
林　健久　68,82～3,126,155,156,198,226,291
林真理子　39
林　宥一　125,133～4
林雄二郎　126
原田勝正　25,97,138,139,213
原　輝史　25
伴淳三郎　195

ひ
PHP　143
日暮美奈子　254
批評社　275
兵藤　釗　115,198
評論社　267
弘機　4
廣瀬恒子　40
廣田　功　136

ふ
フォト・アーカイブス　209
福田徳三　279
藤岡信勝　142
不二出版　30
藤田五郎　30
藤巻修一　269
藤脇邦夫　69
布施辰治　273
扶桑社　143
ブッシュ　158
船橋　治　30
古田　晁　163
ブレンターノ　279
文雅堂銀行研究社　6
文芸社　152
ブン子　5

へほ
平凡社　217
法政大学出版局　186,187
保志　恂　30
堀越芳昭　49
堀　経夫　52
本間義人　26,83,290～1

ま
前沢奈津子　94
前田　愛　217
増山たづ子　85～6
町田民世子　211～2,221
松浦弘幸　293
松尾章一　37,97,138,215,272
マッカーサー　293
松下　冽　264
松下竜一　73
松田貞男　74
松永尚江　38
マツノ書店　178
松村　久　178
松本恵川　290
松本しげの　267～8
松本昌次　3,65,73,74,78,92,128～9,239～41,244,289～90,293
マルクス　5,276
丸山真男　90,91,139,222

み
三島由紀夫　202

みすず書房　275, 277
南　良和　116～7, 127
美弥子　4
三橋美智也　121
三船敏郎　195
宮川　康　113
三宅雪嶺　157
宮沢喜一　173
三好まあや　102, 289
未來社　7, 37, 45, 74, 88, 100, 146, 160, 221, 240
三輪昌男　49

むめも

無着成恭　195
村上信彦　5
村松武司　269
室生犀星　270
名著出版　108
毛沢東　5
毛利恒之　174
望月　衛　195
森　鷗外　139
森崎和江　73
森　静朗　51
森下紀夫　215, 291
守屋　浩　121
もろさわようこ　73

や

八木書店　127
八木敏夫　127
安井梨恵子　219
安田元三　51
矢内原忠雄　139
柳田謙十郎　222
柳瀬尚紀　267～8
山路　健　26
山下　博　154, 264
山田晃弘　284
山田盛太郎　139
山本作兵衛　190
山本薩夫　246
山本　進　92
山本武彦　261
山本義隆　277
山本吉宣　261

ゆよ

油井大三郎　157
雄松堂出版　59
有斐閣　100, 186
ゆぴてる社　37
横井勝彦　264
吉田康子　293
吉野作造　279
吉野俊彦　139
吉見俊哉　157
米田卓史　227, 289

らりれろ

酪農事情社　119
力道山　210
緑風出版　275
林燕平　150～1
レーニン　5
論創社　160, 215, 291

わ

和歌森太郎　110, 111
脇村義太郎　89, 139
渡辺　勲　60, 110～1, 135, 178, 187, 199, 291
渡辺英明　162～3
渡辺美知子　52
和田春樹　157
ワット，ジェームズ　276

栗原　哲也（くりはら　てつや）

1941年　群馬県佐波郡名和村（現伊勢崎市）に生れる
1960年　埼玉県立本庄高等学校卒業
1964年　明治大学文学部史学地理学科卒業
同　年　文雅堂銀行研究社編集部
1970年　日本経済評論社営業部長
1981年　同上代表取締役社長現在に至る

『私記　日本経済評論社彷徨の十五年』（1986年），『私どもはかくありき——日本経済評論社のあとかた』（2008年）いずれも私家版

（連絡先）〒101-0051　東京都千代田区神田神保町 3-2　日本経済評論社

神保町《じんぼちょう》の窓《まど》から

二〇一二年一〇月一日　初版第一刷

著　者　栗原《くりはら》　哲也《てつや》
発行所　株式会社　影書房
発行者　松本昌次
〒114-0015　東京都北区中里三—四—五
ヒルサイドハウス一〇一
電　話　〇三（五九〇七）六七五五
FAX　〇三（五九〇七）六七五六
E-mail=kageshobo@ac.auone-net.jp
URL=http://www.kageshobo.co.jp/
〒振替　〇〇一七〇—四—八五〇七八

本文印刷=スキルプリネット
装本印刷=ミサトメディアミックス
製本=協栄製本

定価　二、二〇〇円＋税

ISBN 978-4-87714-428-9